自在的超越，在專注的瞬間湧出

Je me surpasse en toute liberté, dans l'instant et le jaillissement.

感恩的腳印

感謝您一路的指引、
支持與鼓勵

位於嘉義大林中坑沙崙的劉家祖厝。

祖父 劉語先生。

祖母 李椹女士。

我是家中的么兒，上有六兄一姊。

父親劉萬得先生（右）與母親劉鄭綉雀女士。

民國45年，大林國小二年丁班師生合影，作者為第三排左起第七位頭髮濃密者。

如兄如父的二哥（左）與作者（右）。

北醫同學爬阿里山合影，第二排右二為作者，右五楊瑞永，前排右一為許敬業同學。

民國49年，大林國小六年甲班即將畢業的同學與校長及各班導師合影，作者為第二排左起第七位。

十六歲起習劍，全副劍道服的作者。

恩師劉乾元：醫學博士、劍道十段範士，出錢出力，栽培後進，令人景仰。

在磚地上練習，士氣高昂，圖為乾元道場練習實景，中為作者。

作者（左）與恩師王德宏教授（右），對其提攜之恩，作者永遠感念。

馬偕醫院舊觀。1981年，作者曾在這裡完成十三例「內視鏡免開刀摘除總膽管結石」，全國矚目（馬偕提供）。

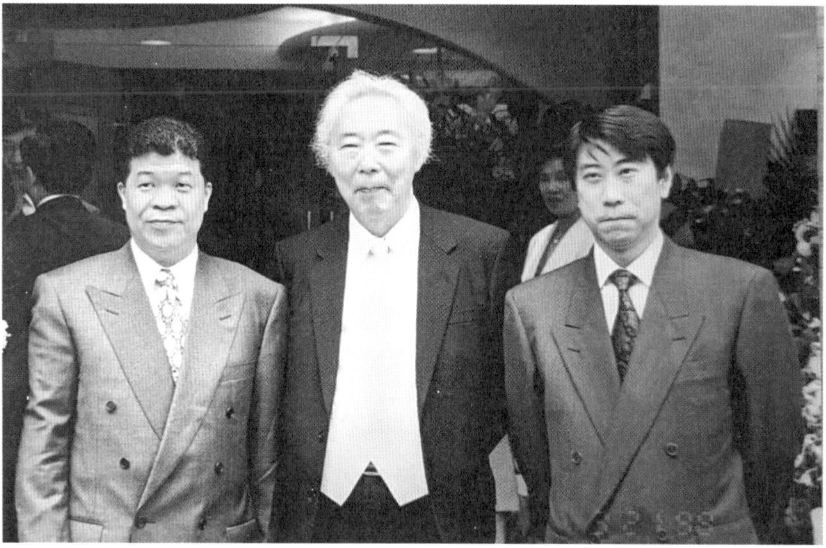

作者（左）與恩師川井啟市大師（中）及京府醫大副校長渡邊能行教授。川井先生是EST技術的發明者、國際知名的消化器病學者。

2007年，工藤進英博士（前排左）應作者（前排右）之邀來台演講。工藤博士是最早發現Ⅱc早期大腸癌的學者。

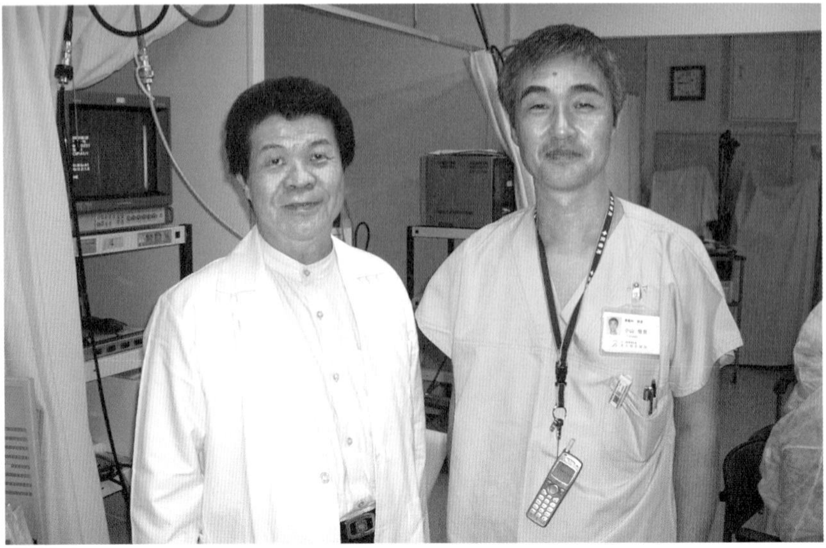

作者（左）與日本第一的ESD內視鏡專家小山恒男博士（右）。ESD 即內視鏡黏膜下層剝離術，是內視鏡的最高境界。

作者夫婦與恩師小山和作（前左）伉儷。小山先生是日本健康管理的開路先鋒，待人熱情，對作者傾囊相授。

作者與日本國寶、生活習慣病的發現者日野原重明大師（右）。日野原先生著作等身，引領思潮，曾獲日本天皇頒發最高榮譽的「文化勳章」。

2008年奈良昌治會長（左六）在日本人間ドック學會大會，宣布作者（左四）接任2011年世界人間ドック學會會長。

2009年9月3日作者夫婦謁見明仁天皇皇后後合影，胸前黃花是謁見者標記（日本人間ドック學會提供）。

2009年，人間ドック學會50周年紀念會，左一為後來接掌台大醫院的吳明賢院長，右一為「人間ドック學會」副理事長日野原茂雄，右二為作者，左二為內人許美華。

The 3rd
World Congress
on Ningen Dock
Health for World, All for Health
Date November 26-27, 2011
www.3ningendock.org
Venue Taipei International Convention Center, Taipei, Taiwan
Honorary President Ming-Fong Chen, MD, PhD
Superintendent, National Taiwan University Hospital
Secretariat
Taiwan Society of Internal Medicine
Ningen Dock Committee
Taipei 10041, Taiwan
TEL: 886-2-2375-8068
FAX: 886-2-2375-8072
Congress President David Hui-Hsiung Liu, MD, PhD
Superintendent, Imperial Clinic Taipei
Graduate School of Public Health, Taipei Medical University
Secretary General Ming-Shiang Wu, MD, PhD
Director, Health Management Center, National Taiwan University Hospital

2011年，作者以國寶「翠玉白菜」為吉祥象徵，邀請各國貴賓光臨第三屆世界人間ドック學會，「翠玉白菜」是故宮最有人氣的文物，翠葉與白柄栩栩如生，予人純潔健康、生氣蓬勃的感覺。

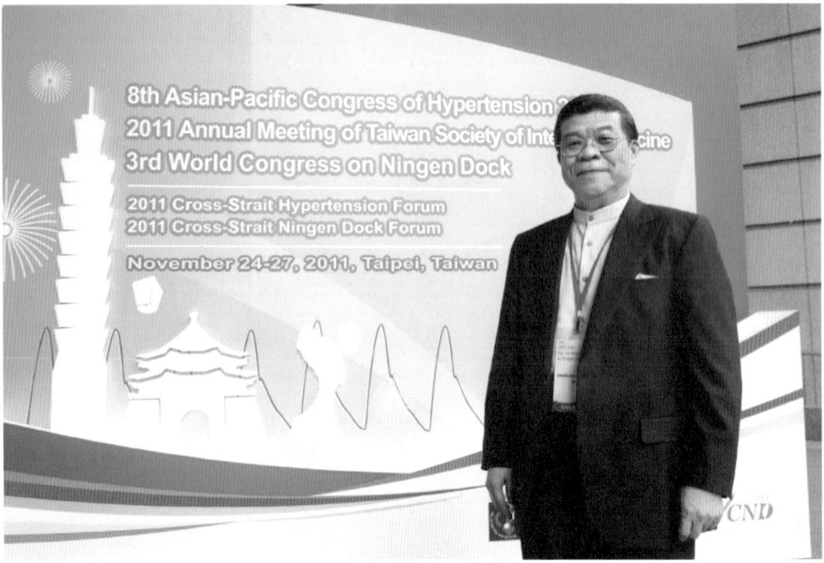

2011年，第三屆世界人間ドック學會在台北國際世貿中心隆重舉行。

2011年，第三屆世界人間ドック學會，在台北圓滿閉幕，前排左三為作者，左四為前任會長奈良昌治。

京府醫大教授吉川敏一（右）訪問輝雄診所，左為作者。吉川教授現為日本生命科學振興會理事長，曾任京府醫大校長。

2006年大林國小百週年校慶，作者應邀出席，右起第六人為銓敘部長周弘憲，左邊依次是法務部長施茂林、陳水扁總統、作者、陳明文立委、嘉義縣長張花冠。

2006年，由作者捐贈，將學生創作的陶瓷作品「一步一腳印」，陳列在操場，紀念大林國小百年校慶。

2008年，作者（中間立者）偕台北市嘉義同鄉會鄉親，祝賀蕭萬長先生（右）當選中華民國副總統。

台北市嘉義同鄉會在台師大舉行運動會，行政院長蕭萬長（第一排中）到場關心，作者（第一排最左）陪同繞場致意。

作者（右二）與內人許美華（右一）與嘉義市長黃敏惠（最左），到官邸拜會副總統蕭萬長伉儷（右三右四）。

2007年，作者受邀在日本神戶舉行的亞太消化系醫學週，演講「放大內視鏡」。

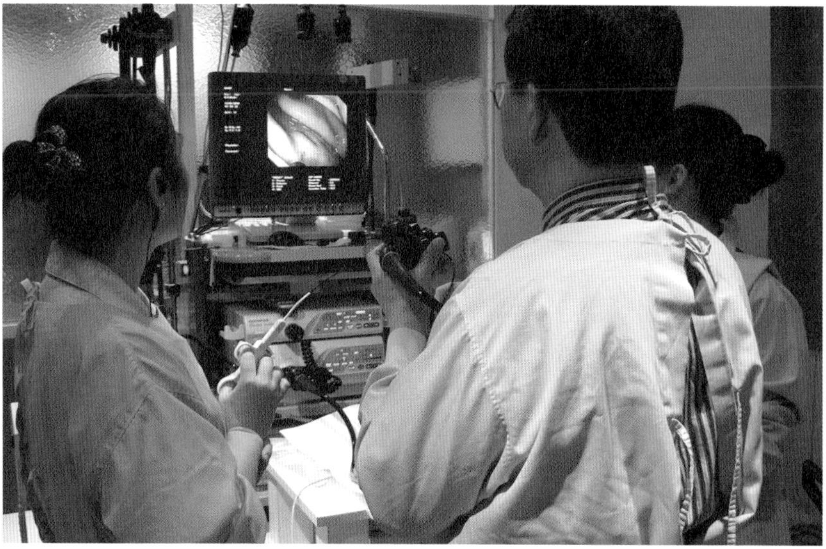

作者在2005年完成台灣首例ESD（內視鏡黏膜下層剝離術）切除早期胃癌。圖為輝雄診所的動物模擬實驗，難度好比三人四腳同行，中為作者，左為第一助手，右為第二助手。

馬偕紀念醫院淡水分院內科住院醫師合影，後排左三為作者。

2007年落成的輝雄診所新館。

人間ドック 健診施設機能評価
Quality Evaluation for Ningen Dock and Health Screening Institute

認定証
Certificate of Accreditation

認定第184号
Accreditation Number

輝雄診所 殿

貴施設が日本人間ドック学会の定める人間ドック健診施設機能評価認定基準を満たしていることを証する

This is to certify that your institute has satisfied accreditation standards of quality evaluation for ningen dock and health screening institute by Japan Society of Ningen Dock

自 2017年4月1日
至 2022年3月31日

日本病院会
Japan Hospital Association
会長 堺 常雄
President Tsuneo Sakai

日本人間ドック学会
Japan Society of Ningen Dock
理事長 篠原幸人
Chairman of the Board Yukito Shinohara

2008年，輝雄診所通過「日本人間ドック學會優良設施評鑑」，為日本海外第一家獲此殊榮之健診中心。

2014年作者以「自在舒暢」水墨抽象畫入選巴黎秋季沙龍。

目錄

卷四——日本進修

卷五——攻讀醫學博士

卷八——邂逅京都

推薦序

台灣之光　醫界奇才

蕭萬長
前副總統／行政院長

輝雄診所劉院長輝雄醫師是我很敬重的好朋友，他將他的精準醫術及善良醫德，也就是他的人生觀及成就感，出版「一流之路　劉輝雄的醫道人生」，內容充實、非常精彩，本人樂於寫序推薦。

這本輝雄兄的自傳，從他的身世、求學、習醫、赴日進修、取得博士學位、遍訪台、日名師，成功磨練為台灣消化系統醫學的權威、內視鏡專家，深入淺出的動人故事，值得社會的讚賞與肯定，年輕人閱讀必能激勵勤奮、受益良多。

輝雄兄具有特殊天賦與氣質，他一生追求一流，行醫仁心仁術，博得病患的好評。他少年勤學劍術，領會劍道，養成專心、耐心、吃苦耐勞的好習慣。他在醫學界的貢獻，除他專精於消化系統、內視鏡治療外，又是取經日本，建立健康管理、抗老醫學研究的先驅，發起成立「財團法人台灣健康促進基金會」，積極推廣相關知識，締造健康管理的新理念。他強調健康有三要素：營養、運動、休養，且須遵守三個「心」原則：即「決心」、「恆心」及「誠心」，這是人人須奉為金科玉律的忠言（有興趣的讀者請詳閱本書卷十「兩個願景」有關生活習慣病的部分），對我而言，真是茅塞頓開、受益匪淺。

劉醫師精力充沛、興趣廣泛，他六十四歲事業有成開始學繪畫，多年來一直很用心勤奮、夙夜匪懈，一畫再畫，結果其畫作連續兩年入選法國巴黎秋季沙龍，真是台灣之光，堪稱台灣醫界奇才！

輝雄兄個性豪邁、待人誠懇謙卑、交友廣闊、熱心公益，他曾擔任旅北嘉義同鄉會理事長，現被推選為全國嘉義同鄉會聯合總會總會長，實至名歸，足見鄉親對他的愛戴。

劉院長輝雄醫師的熱情、正直、廣結善緣、周延奉獻的服務精神，是社會正面力量的典範，謹此表達本人對他的推崇敬佩。

推薦序

日本に師事した消化系内視鏡の権威

吉川　敏一
京府醫大前任校長

この書物には、私の友人であり、尊敬している劉輝雄先生の幼いころから現代にわたる歴史が詳しく記されています。彼は消化器内視鏡の権威ですが、そこに到達するまでの道筋が、日本の剣豪であり、最も剣術が強かったとされる宮本武蔵の精神を見習ったものであることを知り、やっと納得できました。彼は日本に来れば、学会への参加だけでなく、いろいろな施設や先生方に会いに行っていたのを覚えています。それは自分の知識や技術の習得に役立つと思われる先生方に師事し、そのノウハウを取り入れるためだったと、この書物を読んで初めて理解できました。

彼が医師、特に消化器病学を専門と決めたころ、日本の内視鏡技術は世界に誇る技術を有していました。それには硬性鏡からファイバースコープへの内視鏡機器の発展や、胃や大腸のような太い消化管だけでなく、そこに開口する膵管や胆管への挿入も可能にした診断手技の向上も貢献していました。また、その技術はさらに発展し、開腹しなければ取り除くことができなかった胃、食道、大腸などのがんも、内視鏡で切除できるようになってきました。このような内視鏡などの機器類自体は購入すれば、世界のどこでも利用可能ですが、その操作技術は、それぞれの達人がノウハウを有しており、弟子入りしない限り、盗み出すことはできませんでした。その点は、剣道の達人への道のりと共通点があります。劉先生はこの剣道の流儀にのっとり、いろいろな日本の技術を次々と習得し、それを台湾の消化器内視鏡学の発展と患者さんへの治療へと利用されました。

一方、日本でも高齢化が進み、健康長寿の実現が急務となってきました。この実現には、がんをはじめ、多くの生活習慣病などの早期発見・早期治療が重要であり、人間ドックという日本独特の検診システムが確立されつつありました。劉先生はこの点にも注目され、このシステムの台湾への導入を図り、多くの人々の病気の早期発見に寄与されてきました。私は現在、日本抗加齢医学会の名誉理事長ですが、劉先生も毎年開かれるこの学会には参加されています。抗加齢には病気の発見・治療も必要ですが、予防も重要であり、運動・休養の他に食事も重要です。この分野の研究を進めるに当たり、劉先生の御子息を、私が教授をしていました京都府立医科大学の消化器内科学教室でお預かりし、大学院を卒業されました。彼は素晴らしい研究成果をあげられ、親子2代で京都府立医科大学医学博士となられました。

このように、劉先生が京都府立医科大学で研鑽されて、その後もご厚誼を賜っている縁で、この書物の推薦文を書かせていただきました。幼いころから現在まで歩んでこられた経緯を熟読することによって、多くの示唆を得ることが出来るものと思います。ぜひ多くの人々に、ご愛読願いたいと思います。

吉川 敏一
京府醫大前任校長

師承日本的內視鏡權威

本書詳細記載我的朋友、我尊敬的劉輝雄醫師從幼至今的歷程。他是消化系內視鏡權威，閱讀本書才明白他的成就來自學習日本劍術名家、劍術造詣最高的宮本武藏的精神。他到日本之後，積極參與學會活動，拜訪各地醫療機構和名師，都是為了學習有用的知識和技術。

他決定成為醫師，尤其是決定專攻消化病學時，日本的內視鏡技術已經是世界首屈一指。從硬管進步到纖管（fiberscope）內視鏡儀器的發展，不僅胃或大腸等較粗的消化道，甚至胰管或膽管都能插入，對於提昇診斷技術大有幫助。過去僅能以剖腹方式切除胃、食道、大腸等癌症病灶，現在能透過內視鏡切除。這種內視鏡儀器在世界各地都能買到，論操作技術，就必須是擁有專業知識和技術的入室弟子才會，其他人難窺堂奧，這點和成為劍道達人異曲同工。劉醫師遵循劍道精神，陸續學會各種日本技術，將其運用在台灣消化系內視鏡學的發展和對患者的治療上。

另一方面，日本因為高齡化，如何健康長壽成為最迫切的課題。癌症和各種生活習慣病的早期發現和早期治療，至為重要，成立日本特有的檢診系統「人間ドック」就是一種實現途徑。劉醫師注意到這個問題，將該系統引進台灣，讓更多人能早期發現疾病。本人是現任日本抗加齡醫學會的名譽理事長，劉醫師每年都參加此一學會活動。要抗老必須能發現和治療疾病，因此預防很重要，運動、養生及飲食也同樣重要。此一領域的研究期間，劉醫師的公子也在本人擔任教授的京都府立醫科大學消化內科系就讀，以優異成績完成研究所學業，父子兩代都取得京都府立醫科大學醫學博士學位。

劉醫師曾在京都府立醫科大學研習，和我交情深厚，請我為本書撰寫推薦序。詳讀作者自幼以來的成長歷程，應能從中獲得許多啟發，誠心推薦給大家，希望有更多的人閱讀。

作者簡介

公益社団法人　ルイ・パストゥール医学研究センター　理事長
公益社団法人　生命科学振興会　理事長
京都府立医科大学　名誉教授・前学長

推薦序

輝雄精彩　醫界全才

吳明賢
台大醫院院長

因為身在醫界，我認識的醫師不少，但是劉輝雄院長絕對是當中最好學最博學且主動周到的人才。醫師要成功一定要具備知識，但是要非常成功，還要有見識及膽識。劉院長就擁有三識，而且劍及履及，加上超凡的執行力，「君子不器」，故能在不同領域都有傑出表現，在他這本書裡就可以驗證他自己常說的「人生不自我設限，才能無限」，精彩非凡的醫學人生，值得我們細讀品味。

除了是同鄉來自嘉義外，劉醫師和我有共同的專業（消化內科醫師）。他在馬偕醫院完成訓練後，曾到台大醫院師從王德宏教授精進內視鏡檢查及治療技術。回到馬偕醫院任主治醫師不久後，即在台灣醫學會雜誌發表台灣第一篇內視鏡膽道取石術的論文。之後，他離開馬偕開業，因為醫術精湛，很快就成為名滿京城的名醫。雖然開業成功，但他沒有自滿，也不為身分所困，不為時間所限，仍不斷學習，常利用春節的寶貴時間前往日本進修內視鏡技術，並攻讀京都府立醫科大學博士。之後他甚至比很多大醫院更早引進最新型影像強化內視鏡，及單人無痛大腸鏡。由於他的日本經驗，診所除了是台北民眾的首選外，也成為日本人在台灣的醫療燈塔。和本人有一樣的理念，深信「上醫醫未病、中醫醫欲病、下醫醫已病」，他率風氣之先引進日式總合健檢，在預防醫學有很多的貢獻，也因為此方面的成就參加日本健檢五十週年慶時蒙天皇接見，也以會長身分在台北舉辦世界健檢年會！由於他在內視鏡及預防醫學的服務研究表現傑出，因此也以開業醫師身份擔任過台灣消化系醫學會及台灣消化內視鏡醫學會的年會會長，這是連很多醫學中心教授都難望其項背的成就。學無止境的他又跨足抗老醫學及認知功能障礙，向不可能挑戰！

劉院長為人古道熱腸，熱心社會服務及公益事業，除了在嘉義同鄉會出錢出力外，也和一群志同道合者創立財團法人台灣健康促進基金會。健康力即是國力，他希望讓全國民眾都能更有活力，更為健康。在社團事物累積足夠的經驗和能力之後，他受王德宏教授之託，參與內科醫學會、消化系醫學會及內視鏡醫學會選舉會務。他本人沉得住氣，也彎得下腰，更抬得起頭，對君子講理，對小人講力，既有菩薩心腸，也有金剛手段，因此多年來這幾個學會少有人事爭議，會務蒸蒸日上，他的穿針引線居中斡旋，功不可沒！

劉院長的成功和他的個性及人格特質有關，他說話讓人喜歡，做事讓人感動，做人讓人想念。而且成大事，必是夠真，所謂「心真則事實，願廣則行深」，他是一個真性情的人，也是有藝術人文氣質的人，六十歲後才學畫，竟然也可以在巴黎沙龍展入選！因為他與天俱來的藝術天份，所以他可以用音樂家的耳朵來傾聽患者的病情，以戲劇家的嘴巴用言語祛除疑慮、安撫減輕病人的痛苦，更以雕刻家的手用內視鏡手術妙手回春。「虛空有盡，我願無窮」，人從不因為夢想而偉大，卻因為實現夢想而不同，他的「醫道人生」充滿了正能量，可以鼓舞大家，本人大力推薦，希望我們都能像「劉輝雄」這個軟體，今年的版本一定比去年好，明年的版本一定比今年更好！

自序
人生有無限的可能

醫學博士 劉輝雄
輝雄診所創辦人

我是一九四八年在嘉義大林出生。

這個年紀，很多人比我年輕，比我年長的當然也不少。朋友們得知我寫自傳，有人說我動筆太早，有人則說寫晚了，到底太早還是太晚，說真的，我也不知道，其實朋友們也未必清楚，因為一個人到底什麼時候開始記錄他的生活，想把它公諸於世，到現在為止，據我所知，並無一定的說法。

既然如此，就尊重自己的感覺，我的感覺是什麼？就是有話想說，想說給自己聽，也想與家人和親友分享，如果不認識的朋友有機會看到我的故事，那我就更高興了。

檢視走過的腳印，發覺在人生的旅途上，我竟然扮演過很多角色，也許大家也都如此，只是我不知道罷了。正如莎士比亞說的：每個人都在人生舞台上扮演他的角色，這些角色，有時是自己選的，有時是上帝安排的。

我扮演了什麼角色？我是否稱職的、盡力的把這些角色演好？我不斷問自己。也許應該從我的職業談起。我是一個醫師，在馬偕醫院服務時，赴日進修，並且向恩師川井啟市教授學習EST（注一），將其引進台灣，完成台灣首例總膽管結石免開刀治療，並於一九八一年九月十六日向國人公布。我曾是馬偕最忙碌的醫師，一個早上要看上百名患者，通常一個診間由一位醫師搭配一個護士，我因為患者太多，需要搭配兩名護士。

其次，我不但是醫師，還是診所負責人。每年春節，大家團聚享受天倫樂時，我風塵僕僕，在台北和日本各大城市間奔波，數十年如一日。拎著簡單的行囊，和機場歡笑的旅客們擦身而過，本著敬業精神，每年好幾次到日本進修，向權威學者學習新知。我向工藤進英博士學習「無痛大腸鏡操作法」，他是世界第一位發現IIc早期大腸癌的學者；向東京都立駒込病院的門馬久美子部長，學習早期食道癌的診斷，其後在自己診所發現三起早期食道癌病例，第一例轉診東京的醫院，第二、第三例，我親自幫他們作EMR切除術（注二），當場利用內視鏡切除根治。頭一個病例曾發表在台灣的醫學雜誌，一家診所能創下台灣內視鏡的三個歷史紀錄，微微有些自豪。

為了向長野佐久總合病院的小山恒男部長學習ESD（注三）技術，前後到長野二十三次。在台灣買了幾十個豬肚，在診所練習ESD，將胃內黏膜下層切開、剝離，不斷反覆實驗，終於自信可以成功操作。二〇〇五年，診所內三個人花了兩個半小時，將患者三公分大小的早期胃癌作ESD，切除標本最長處有五公分，這是台灣內視鏡歷史的一刻，台灣首例ESD在「輝雄診所」完成。當我們將切除的標本牢牢抓住，與胃鏡一起退出口腔時，助手忍不住大哭：院長，我們成功了！二〇〇五年三月台灣消化系醫學會春季會，我在成大演講，公開這個病例，大家都為我祝賀，因為這是開業醫師的創舉。

以上是我做為一名醫師、一個診所負責人，在臨床醫學上的努力。後來因為各種機緣，有幸結識日本健康管理先驅：小山和作所長、第一位發現生活習慣病的日野原重明名譽理事長，開始踏入預防醫學領域，我的診所是台灣第一家引進日式健診的診所，也在二〇〇八年一月，通過日本人間ドック學會的評鑑，成為日本海外第一間被認證優良設施的診所。二〇〇九年九月三日，並蒙人間ドック學會推薦，謁見明仁天皇。

這些小小的成績是不斷赴日取經、向權威學者學習，還有診所同仁們，數十年努力的結果。至於個人的成績，是從一九八六年起，花了八年時間，攻讀京都府立醫科大學博士。當時為了完成一百個病例研究，必須將病人血清送到京都檢驗，每次提著裝乾冰的保麗龍盒子，通過台灣和日本海關的檢查，趕搭飛機、轉乘巴士，再換計程車，最後送抵學校大冰庫，一整天下來筋疲力竭，只能說一切得來不易。

最想不到的是若干年後，我到鹿港向許輝煌老師學習水墨畫，而且為了出國期間也能練習，每次都提著洗筆用的塑膠臉盆出入海關，甚至受到盤查：那是什麼東西？更想不到的是二〇一四年、二〇一五年，作品連續入選巴黎秋季沙龍展。回想自己在各方面的努力，都有適當的回報，內心充滿感激，懷著喜悅、感恩和回饋的心情撰寫這本自傳，感謝前述幾位相關領域的大師、還有書中內文將會提到的傑出學者，沒有他們的教導與協助，就沒有今天小小的成績。

說到這裡，也感激台大王德宏教授、宋瑞樓教授，熱誠無私的接納我這個素昧平生的小醫師，領我進入深奧的內視鏡領域。回首來路，何其有幸進入嘉義中學，在肅殺的戒嚴時代，有周封岐校長的包容，我們得以享受自由學風；何其有幸十六歲那年拜入劉乾元先生（醫博劍仙）門下，學習劍道，並在大三那年僥倖與公認國內第一高手吳光烈先生打成平手，讓乾元隊獲得全省冠軍。何其有幸認識日野原重明先生，蒙先生啟迪，在台灣推廣正確的生活習慣，從而發起「財團法人台灣健康促進基金會」，一方面回饋國人，也讓個人的醫學生涯，得以從初期的疾病預防、疾病發現到疾病治療連成一氣，為社會服務。

隨著生活的歷練，我發現人生不是登山，登山是登到山頂，就要下山；人生是走路，走到這裡，看到對面，走到對面，又有對面，前途有無限的可能。人生有挫折，也有驚喜，最重要的是不給自己設限，才能海闊天空。到此，已經說得太多，讓我們回到故事本身，這一切從大林開始……

注一：EST是內視鏡十二指腸乳頭括約肌切開術。
注二：EMR是內視鏡黏膜切除術。
注三：ESD是內視鏡黏膜下層剝離術。

卷一——從大林出發

那天晚上，診所歇診後，我拉下鐵門，
在嘩啦的捲門聲中，人生彷彿被帶到一個陌生的地方，
籌備期間的辛勞、得償夙願的喜悅、失去至親的悲慟，
同時湧上心頭……

1 亂世冒險救人

雖然，我是一九四八年來到這個世界，不過，在我出生前一年，發生的一些事情，卻影響我終生思維，左右我日後行為，因此要完整梳理我個人的生活軌跡，讓讀者有更清晰的理解，得從出生前一年：一九四七年，開始敍述。

一九四七年，民國三十六年，是台灣人永遠難忘、不幸的一年，當年發生的二二八事件，大家都知道，是源於二月二十七日，公賣局在台北圓環附近，查緝私煙，手段過激，不但毆打攤販，而且開槍殺人，激起民變，才有翌日開始的全台動亂。幾十年後來看當時的變局，學者們都同意這是一場源於政治腐敗、經濟混亂、文化差異、語言不通、思想隔閡，以及不同的歷史經驗造成的民怨和衝突，導致後來的血腥鎮壓。事件以本省人占領公署、廣播電台、警察局，毆打外省人開端，接著外省人隔海求救，國軍從基隆上岸，展開屠殺報復，基隆市區、淡水河、火車站和植物園，到處屍橫遍野，陳儀政府展開「綏靖」反擊，搜捕屠殺異己，現在說來寥寥數語，當年卻是血淚交織、驚心動魄的震盪，有十天的時間，台灣處於自治狀態，外省人躲的躲、逃的逃、藏的藏，在這個動亂的大時代，擔任嘉義縣大林鎮鎮長的父親，也身不由己捲入風暴，最後憑著勇氣、智慧與運氣，冒著生命危險，在兵荒馬亂、到處騷亂的時刻，先救了一個外省人，又救了一個本省人，這兩件事父親經常提起，鄉親們也津津樂道，我們也不斷被灌輸：如有能力有機會，一定要幫助別人。這些話從小聽到大，回想我踏入社會後，喜歡參與公共事務、樂於助人，應該和這件事有關。

事情的經過是這樣的：一九四五年台灣光復，父親一九四六年當選第一屆鎮

故鄉嘉義大林：所有故事的起點。

長，當時因為日本戰敗，很多被徵召從軍的大林子弟從南洋歸來，加上二二八事件爆發，父親在動亂的環境中擔任鎮長，要在亂世維持地方秩序，任務非常艱鉅。

當時有位外省籍區長，被從南洋回來的大林年輕人抓了。據說這些年輕人先到大埔尾機場搶了武器，再擄走區長，把他囚禁在梅山。父親知道事情如果鬧大，將不可收拾，這個人一旦出事，後果堪虞。

父親於是央求一位跛腳的國術師：阿團師幫忙救人，阿團師雖然腳有點跛，但功夫了得，又找來一部老舊的大切（當時小汽車叫大切，日語是緊急使用之意），連同司機三人，連夜從大林出發，沿著梅山路前往區長被囚禁的地方。

他們打探出區長被囚的所在，父親到達現場後，脱掉鞋子，悄悄來到窗外，敲窗塞入紙條，告訴區長自己是誰，叫他千萬別出聲，說自己是來救他的。隨後破窗潛入，背起區長往外跑，不料仍被發現，有人在後方緊緊跟隨。慌亂中，三人把區長抬上車，途中行至崎頂一個陡坡，老車突然熄火，四人趕緊棄車逃走，可謂命懸一線，幸虧山區林森草密，藉著夜色的掩護，總算平安脫困。到了鎮上，父親惟恐目標顯著，不敢將區長藏在家裡，暫時將他安置在阿團師家中，各人才分頭離去。

後來，各地代表開始和政府談判，隨後軍隊登陸了，在台灣展開全面鎮壓，付出血腥的代價後，秩序逐漸恢復。外省人展開清算期間，因為父親曾搭救這位外省籍區長，大林得以倖免於血腥的報復。在那個動亂的時代，嘉義火車站前槍斃許多人，朴子也傳來噩訊，人人自危，唯獨大林鎮在父親的守護與奔走下，全鎮無人死亡，讓居民免於一場大災難。

當時有一位薛姓青年，被區長認出曾參與綁架事件，抓住他吊在樹上準備槍決，碰巧父親經過，青年看到父親，立刻呼喊：「阿得叔、阿得叔，救命！救命！」父親趕緊向區長求情，說：「我冒著生命危險救過你，請你放過這位年輕人！」終於讓年輕人免於一死。消息傳遍全鎮，直到今天鄉親仍念念不忘父親不顧自身安危，冒險救人的往事。

父親救人這件事，現在想來，是冒著極大的風險，他除了膽子大，運氣也好。在那個亂世，並非助人者，都有好報，像嘉義驛站前，大陸旅社的老闆盧鎰，也常幫助外省人，後來只因憲兵抓不到他哥哥，就拿他頂罪，在站前被槍決。還有大畫家陳澄波，當時是嘉義市參議員（市議員），只因在上海待過，會講外省人聽得懂的話，好心想充當雙方溝通的橋樑，也被誣陷參與動亂，在站前被槍決。還有南靖糖廠事件，善意護送外省人的五名本省青年，在途中被軍人攔截，五人

大林往梅山的中興路，俗稱梅山路，父親當年沿此路去救人（攝影／蘇秀枝）。

全被擊斃。這些不幸，在一九四七年的亂世時有所聞。和這些人的遭遇相比，父親好人有好報，算是幸運者。

有一次，曾問父親，當時膽子怎麼那麼大，敢出面救人，不怕送命？父親說：我也害怕，但沒辦法，當時不出面，一輩子都會後悔，不能原諒自己，就好像人是我害死的一樣……。

2 鎮長父親劉萬得

父親擔任鎮長的大林，在日治時期原屬台南，後來劃歸嘉義，距離嘉義市區大約十五公里，二二八事件當時，是人口只有兩萬三千三百三十八人的小鎮。隔了一年，一九四八年，我出生那年，增加了一千零四十九人，共有兩萬四千三百八十七人，住有四百一十七四戶人家。清代，人們稱它「大莆林」或「大埔林」，到底為什麼都有「林」這個字，地方上有兩種說法，一說這裡曾是森林地帶，二說它有來自潮州府大埔林地的移民。林爽文事件時，這裡曾是古戰場，是福康安與林爽文部隊在諸羅城外（嘉義）決戰的地方。乾隆皇帝還特別請洋教士，繪製大埔林之戰，紀念當時的戰役。

父親劉萬得寡言能幹。

我們家族到底在大林定居多久，我並不清楚，只知道世代務農。祖父劉語晚年得子，生下我父親，所以叫他「慢得」。「慢」的台語發音與「萬」相同，於是以喻意較佳的「萬得」命名，因此父親劉萬得先生，其實在家裡被稱為「慢得」。祖父到底多晚才得子，父親從未提過，但以當時的社會背景，大概四十歲以後吧。祖父不識字，曾擔任中坑沙崙的蔗務委員。父親自幼聰穎，還沒入學，已能幫祖父記帳、算帳。這個早慧的孩子，出生於大林中坑里沙崙，九歲才入小學，但聰明好學，後來考進台南師範學校，也就是「南師」。父親以優異成績畢業，深受南師校長的喜愛，受邀返鄉服務，任教於大林林仔前公學校，也就是現在的大林鎮三和國小，執教鞭教育學子，幾年後，南師校長又力薦父親轉任大林街役場會計，後來升任副助役（日治時代等於副鎮長），直到台灣光復。民國三十五年（一九四六年），「大林街」改名為「大林鎮」，父親當選光復後大林鎮的第一屆鎮長。

父親擔任大林鎮鎮長後，又連續三屆擔任嘉義縣議員，他的選區是大林、梅山、溪口三個鄉鎮，也當過縣農會總幹事，之後當選第四屆嘉義縣議會議長。父親從政以來，只要選民委託，無不全力以赴，為地方爭取經費和建設。

父親中等身材，一百七十公分左右，相貌英挺，為人寡言，但果斷能幹，處事公允，人稱「黑面仔」，形容他大公無私，在大林鎮留下口碑。有時和大林的同鄉聚會，他們總誇起父親對家鄉的貢獻，有些我略有耳聞，有些則不知情，但聽到別人的肯定，總覺得與有榮焉。

3 賢慧委屈的母親

父親在地方上受尊重，公職生涯順風順水，但在男尊女卑的年代，他也在市區另組家庭。母親共生了八個兒女，長子么兒相差二十歲，有二十年時間，都忙於操持家務、撫育嗷嗷眾口，這是何等沈重的壓力。在女性普遍失學的時代，彰化女中第一屆畢業的高材生、和丈夫同等學歷的她，婚後也只能辭去教職，養兒育女，她一生從不向命運低頭，反而在逆境中，走出自己的路，稍微懂事後，每想到母親的處境，總替她感到委屈。

母親劉鄭綉雀出生於大莆林街仔，外祖父鄭瑞卿是新港人，日治時代擔任巡佐。家境小康但思想開明，當時女子普遍不識字，但母親大林國小畢業後，祖父母還是送她遠赴彰化就讀彰化女中，畢業後任教斗南國小，婚後辭去教職，相夫教子，當選過模範母親和大林鎮婦女會的理事長。

母親生性善良，對親戚非常照顧，有位當年跟著她陪嫁的阿姨，母親不敢耽誤她的青春，為她撮合一門親事，丈夫靠拖牛車，替人運貨謀生，本來生活平順，不幸被軍車撞死（當時只賠三斗米），還是由母親代為出面解決，隨後又照顧她們一家，給幼時的我留下深刻印象。

母親的大姊夫經商失敗，表哥註冊時哭著向母親求助，說將來長大一定會來我家的麵枝工廠工作還錢，母親也二話不說解囊相助。中坑有些父親的親戚，但凡有難，母親無不盡力幫忙。

母親在我小時候，自營一家麵枝工廠，麵枝仔就是通稱的掛麵，做好後，要綑成一包包，才能出售，她每天包麵條，包到手心化膿開刀。我們兄弟和姊姊八人，當時雖然祖父有些田產，但分家之後，收入有限，只能靠母親勤儉維持。母親要照顧八個孩子，要學習包麵枝技術，做好後，請人載到各地雜貨店鋪貨，另外還要標會，利用會錢周轉，讓幾個哥哥都能註冊。

除了麵枝仔店，母親還經營枝仔冰店（冰棒）。枝仔冰店要工作到半夜一兩點，每天母親得熬到這個時候，才能關掉機器歇息。當時我大約小學五年級，住在枝仔冰店樓上，天天等母親回來睡覺，時常噙著淚想：「媽媽這麼辛苦，將來一定要讓她過得很幸福。」

從小母親常說：「家裡沒錢，你要好好讀書，將來才會成功，才跟得上人。」

小學畢業旅行去台北，我一再央求，母親不肯，理由也是沒錢，我哭了三天，她才勉強答應。這件事直到我上了嘉中，和同學相比，從便當的菜色中，發現家裡並非特別窮困，母親一再這樣強調，無非要我節儉、不要亂花錢，可謂用心良苦。

母親四十三歲生我，在當時是高齡產婦，我也像父親一樣是「慢得」，她一直盼望我早日畢業行醫，可是醫學院要讀七年，栽培這個么兒，實在吃力，不知哪一天才能開業獨立。她總跟親戚朋友說：「如果到那一天，我們阿輝能開業，我死也沒關係了。」結果，她真的在我開業那天晚上走了。一九八三年，民國七十二年，三十六歲的我診所開業了。那天晚上，診所歇診後，我拉下鐵門，在嘩啦的捲門聲中，人生彷彿被帶到一個陌生的地方，籌備期間的辛勞、得償夙願的喜悅、失去至親的悲慟，同時湧上心頭，覺得心倦體乏，整個人空落落，好不容易躺在床上，熄了燈，望著暗黑的天花板，回想母親勞苦的一生、化膿的雙掌、凌晨才能歇息的生意，眼淚滾滾流下，不能自己……。

賢慧又操勞的母親劉鄭綉雀。

國小六年級的我。

4 如兄如父的二哥

劉家在父親這一代，人丁單薄，只有父親和叔叔兩個男丁，叔叔很早過世。但到父親這一代，人丁興旺，母親共生了七男一女，我是老么，一九四八年，民國三十七年七月三十一日出生，上有六位兄長和一個姊姊，可惜四哥劉時雄，從小體弱多病，十四歲那年心臟病突發，死在趕往台北就醫的火車上。父母親都重視教育，這麼多小孩，無論男女都受過良好的教育，男的大部分嘉中畢業，姊姊嘉女畢業，再各自往相關領域發展，有穩定的工作。其中大哥長我二十歲，二哥長我十八歲，姊姊大我兩歲，所以從小和她親暱，她是逢甲合作系第一名畢業，選擇返鄉任教國中，最後從板橋的海山國中退休。幾個兄姊中，最照顧我的是二哥，他雖不是長子，但對我的照顧如兄如父，想到他在我成長的過程中，無時無刻不關心我，心頭總是暖暖的。

二哥劉國雄也是嘉中高中部畢業，與台大外科李俊仁教授是同班同學，李俊仁教授曾擔任台灣省政府衛生處長。二哥因為健康較差，雖然成績好，但是不敢以醫科為志願，改填工學院，考上台大化工系。

二哥個性任勞任怨，很有責任感，對工作使命必達。記得每年農曆過年，他都自願留在台泥工廠值班，只為多賺一點加班費。從科員、課長、副廠長到廠長，後來升為副總。

我在台北讀大學時，每當經濟拮据，要買書又不好意思向媽媽開口，就向二哥求助，要五百他常會寄九百給我。公司派他出國考察，在柏林的時候，駐外單位交給他電報：「阿輝考上台北醫學院醫科」。二哥很高興，特別在西德買了一個高級的德製行李箱，讓我北上就讀時，可以派上用場。他在高雄上班，偶爾來台北出差，會帶我到處打牙祭，或邀我一起上陽明山。

我結婚時，家裡能力有限，為了把婚禮辦好，只好向二哥和六哥借錢。婚後有了孩子，只要去高雄，二哥必定到機場接我們，帶我們到墾丁公園，或者看表演吃大餐。

我的日本師友到高雄，他也義不容辭幫忙接待。記得寫博士論文時，指導教授來台灣，二哥怕我日文不行，對川井教授失禮，親自來台北接待，他的日文果然扎實，恩師讚他日語順耳，我遠不如他，後來我們一起去唱卡拉ＯＫ，教授就調侃我說：「你的日語是在卡拉ＯＫ學的吧！」大家哈哈大笑。

如兄如父的二哥劉國雄。

六哥劉俊雄與六嫂吳淑秋結婚時家族大合照，新娘右邊為六哥，最右邊的大人是母親，其左是父親，六哥右邊是阿嬤。

二哥兄代父職，我拿到博士學位時，他非常高興，我本想低調慶祝，但他勸我：「絕對不行，一定要好好辦一個謝師酒會。」

因此一九九四年十一月，在國賓飯店樓外樓舉辦了謝師酒會，二哥擔任司儀，感謝教我劍道的劉乾元醫學博士、台大內視鏡的啟蒙恩師王德宏教授、還有博士指導教授：從京都遠道而來的川井啟市教授，向親友們報告我在京都府立醫科大學八年期間，從臨床、自己診所蒐集病歷、做內視鏡檢查、抽血、分析、到完成論文，一步一腳印完成博士論文的經過。

卷二——嘉中歲月

十六歲拜乾元仙為師，學習劍道；十七歲開始以道館為家，
每天只做三件事：練劍、上學、讀書，
每天睡三個半鐘頭，凌晨一點就寢，早上四點半起床，
像個學道的武士，心無旁騖……

1 周封岐校長有風骨

民國四十九年、一九六〇年，我從大林國小畢業，當時還未實施九年國教，進入初中，必須通過考試，各校單獨招生，嘉雲地區由省立嘉義中學，也就是俗稱的嘉中，先舉行入學考試，率先放榜，落榜者才會報考其他學校，所以嘉中上榜的都是各校菁英。我在小學成績不錯，雖知進嘉中不易，但總覺得至少可以吊個車尾，有驚無險過關。誰知放榜時，晴天霹靂，居然名落孫山，名字出現在嘉中新港分校，而非校本部，這是我人生第一個挫折，原本朝思暮想進嘉中，親友師長也如此期許，想不到落到分數較低的分校，首次發現人外有人，在小圈子表現突出，未必能在大環境勝出，經歷挫折，方知自己不足，這是當時的心情。

位於山仔頂的嘉義中學。

典雅的門樓已拆除，嘉中人卻念念不忘。

正當我每天失神落魄，等著到新港分校時，突然接獲嘉中通知，要我到校本部報到，令我喜出望外，卻也懷疑真假。後來陸續有同學接到類似通知，才知由於嘉中錄取人數太少，地方父老向校方陳情，要求增加名額，嘉中從善如流，決定增加兩班，由新港分校成績排前的學生，撥到本校就讀，我因而如願進入嘉中，敗部復活的心情如洗三溫暖，我度過一個難忘的暑假，也格外珍惜這個機會。

當時嘉中的學生分為本地生、通學生和印尼僑生，本地生家住市區，上下學只要走路或騎單車，即能到校；僑生一律住學校宿舍；通學生就是家住鄰近鄉鎮，上下學必須搭乘火車或汽車，才能抵達市區的學生。通學生從嘉雲南各地的鄉鎮來上學，有的搭縱貫線火車，有的搭汽車，從北港、新港、朴子過來，也有搭乘台糖小火車，俗稱「五分仔車」來的。

通學生活很辛苦，以我為例，每天五點半起床，要搭六點五十八分的火車，約七點半抵達嘉義火車站，車程三十五分鐘，到達嘉義火車站後，再從車站步行四十分鐘，才能到山仔頂，也就是嘉義中學所在，原來日本人稱為「旭陵」的地方（注一）。

儘管舟車勞頓，但當時年紀小、體力好，不以為苦，何況能上嘉中，是何等光榮。到底嘉中有何魅力？且讓我舉一個故事說明，這是一位好友親口告訴我的。好友家住市區，就讀大同國小，小學六年級時，級任導師是一位矮矮胖胖、體格有點壯的老師，平時非常溫和。教室旁邊是工友宿舍，有位工友經常酗酒，酒後亂發脾氣，大家都怕他，學校屢勸不聽，也拿他沒轍。

有一天上課時，這位工友又喝了酒，跑進教室，踏上講台毆打老師，連續兩次出手都被閃過，第三次出手時，老師抓住他衣領，順勢一個過肩摔，砰的一聲，把他摔倒在地，不斷哀號，同學們都嚇呆了，老師抓住他手臂，用擒拿制伏他，並叫同學到辦公室求援，班長趕緊跑到辦公室，好幾個老師來了，前後左右都有人抓著他，直到被警察帶走。

事後，老師不經意地說，自己是嘉中畢業，當然是日治時代的嘉中。又說：嘉中入學非常嚴格，每年初中部只取六名台灣人，其他全是日本學生，入學考試包括體育，據說單槓引體向上，至少要能拉六下，百米短跑也要在時限內完成，體育不好，筆試再好也不錄取。

錄取名額那麼少，當然是殖民政府不希望太多台灣人受教，但也養成一種菁英教育，老師說他的柔道就是學校教的。等我一九六〇年進入初中部，日本人當然已經走了，但嘉中素質仍高，而且由一位有魄力、有能力、有氣量的校長領導，他就是我們離校愈久愈尊敬的周封岐先生（注二）。

坦白說，周校長的種種特質，大多數人離校多年後，才能從親身經歷中回想、從社會評價中印證，體會他的傑出與貢獻。十幾歲的我們當時只覺得他常背著雙手，臉上掛著微笑，巡視校園，無論何時，遇到同學，總是親切頷首，態度從容可親，講話時，偶爾露出被煙燻黑的牙齒，等到成年後，有一定的社會歷練，才知道這種從容、貌似無為的作風，正是管理的最高境界，道德經上說的：太上，下知有之，亦即大家只知道上面有人管理，其他一概不知，因為管理者自動運作（注三），嘉中在他的領導下，以學風自由聞名全台。

進了嘉中，要不要用功隨你，學校絕不強迫，也不會把課程調來調去，譬如音樂課用來教數學，給同學補強主科，從來都是該上什麼課，就上什麼課，成績不好，就留級一年，自己加強。一九六三年那一屆，考進嘉中高中部共有五百位，翌年升高二時，竟有一八五人留級，而從大林考進來的二十三位同學有二十位留級，作者無意幸災樂禍，只想說明嘉中管理寬鬆，從管理嚴格的學校考進來的學生，一不小心，功課就跟不上，何況青少年貪玩，稍不注意就可能留級。

每天必須做的晨操。

有擔當的周封岐校長（黃敬安提供）。

每天學校午休時，同學們可以外出，只要按時返校即可，最後一堂課自由活動，可以下棋、看書、打球，或什麼都不做，坐著發呆，沒人會管。而且即使在戒嚴時代，也儘量保護學生，不受政治干擾。民國五十四年、一九六五年，據我所知，就有三次罷課紀錄，學生覺得老師講課技巧不好，要求學校另換老師，就集體罷課，大家聯名擬一份聲明，把聲明附在點名簿上，由班長留下交給老師，其餘同學找地方躲起來。同學們的要求當然沒有成功，學校不理不睬搪塞過去，既不換老師，也不處分同學，在那個肅殺的年代，需要多大的擔當，多高的政治手腕，才能化解這些事情。沒有一位同學被約談、記過或處分，學校當沒事發生。

這些事情現在回想，既覺得同學們荒唐，也感念周校長寬容，這分寬容讓嘉中學生特別自信、特別自在，在這種學風下，我們初二那年，嘉中合唱團拿到全省比賽第一名；高三那年，嘉中籃球隊獲南部七縣市總冠軍，隊長陳駿聲不但球技出色，聯考也高分考進交通大學；足球隊在印尼僑生的加持下，好像也拿下全省高中隊冠軍，我在這種自由自在、無拘無束的環境下，度過寶貴的六年，留下許多珍貴的回憶。

注一：我比較幸運，家住在大林火車站附近，走幾步就到站，有些同學住得遠，從家裡到大林火車站，需要騎單車，或搭客運車才能到達，每天這樣來回換車，非常辛苦。

注二：根據維基記載：嘉義中學於一九二四年，民國十三年，大正十三年創立，首任校長為日人三星靜，校名為「台南州立嘉義中學」，為五年一貫制中學，但在民國四十九年（一九六〇年）作者入學時是兼含初中和高中的六年制中學，周校長在大陸就以辦學嚴謹出名。抗戰時，他原任貴陽的「貴州戰時中學」校長，儘管籌備倉促，但師資優良。他親自拜訪名師李少恆、蕭家駒、劉敬常、王之權、黃季仁、周正華等到校任教，多名教師出身北京大學、清華大學、西南聯大、中央大學等名校，更有畫家孟光濤、王漁父，音樂家王放華、夏星等駐校指導。一九四六年春，貴州戰時中學更名為「省立貴州中學」，但同年秋當局以經費為由，要求周封岐撤銷學校。在危急之際，周封岐的父親周秉衡決意以自家產業銻礦、捲菸廠以及酒精廠的資產來支撐學校，將學校改為私立「中山中學」，周封岐任董事長，仍四處爭取名師任教。

注三：老子的道德經第十七章說：太上，下知有之。其次，親而譽之。其次，畏之。其次，侮之。意思是說：政府治理人民有三種形式，最理想的是，老百姓只知有政府，但政府在做什麼，他可不知道，因為政府從不擾民，自動運作。其次，是老百姓喜歡政府，也讚美政府，再其次是老百姓恐懼政府，最差的是老百姓輕視政府，懷疑怎麼被這樣的人統治管理。

2 國文名師林錦志

回味嘉中璀璨歲月之前，容我先談一位難忘的國文老師林錦志先生，他是校長想盡辦法從花蓮中學禮聘過來的名師。周校長在大陸擔任貴陽中學校長時，即以爭聘名師出名，來台灣後還是秉持這個理想，認為師資是學校的靈魂，接任校長後就把林老師請來，我沒機會親炙林老師的教誨，但從許多同學口中，得知這位學問淵博、講課生動的老師，心嚮往之。

林老師是廣東人，但他的粵語腔並不明顯，所以同學聽課沒問題，舉一個例子，即可證明他有多傑出。在升學掛帥的年代，英數理科老師炙手可熱，這些主科老師只要課講得好，都在家開課輔班，一來增加收入，二來同學也能增強實力，但只有一位國文老師能在家開課輔班，那就是林老師。至少在嘉中，他開創的紀錄前無古人，可見學生對他的信服。

據一位好友講述，他在課堂上講李清照的「聲聲慢」：尋尋覓覓、冷冷清清時，說尋是從外部找，覓是從內裡探索；冷是外邊的感受，清是內心的情況，短短幾句就見功力。詞的意境經他一分析，層次分明、井然有序，同學們聽得如醉如痴，沒想到詩詞的世界這麼豐富多采，難怪名留千古。他上課時，經常抄一段自備的古文，請同學上台斷句，有一次他照例寫了一段，最後的結尾是「上怒解賜金帛」，請同學斷句。同學們都怕斷錯句不敢上台，終於有一位自告奮勇，他是這樣斷的：「上怒解，賜金帛」，林老師大喜，稱讚這位同學程度好，因為一般都會斷成「上怒，解賜金帛」，逗號在不同位置，意思完全不同。

這句話的前文好像在訴說下屬對長官，或臣下對主公的抱怨，大意是說：我幫您做了很多事，但您好像並不感激，斷成「上怒，解賜金帛」，就表示長官生氣，覺得這位屬下斤斤計較，心想你不是要討賞嗎？就賞些金帛財物給你，看你還有何話說，所以「上怒，解賜金帛」，表示主公怒氣未消，雙方不歡而散。

學養皆豐的林錦志老師（李文堂提供）。

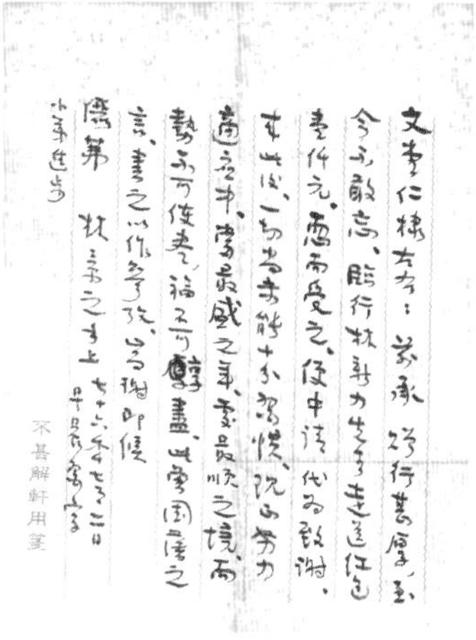

林老師墨寶（李文堂提供）。

如果斷成「上怒解，賜金帛」，則表示長官理解下屬的委屈，怒氣消了，就賞你財物吧，這是皆大歡喜的結局，可見中文的奧妙。

林老師從嘉中退休後，轉至輔仁中學任教，不過據說輔中的學生不太習慣他的粵式國語，實在可惜，這對老師和學生都是損失，接下來談談嘉中六年的青春年華。

3

初中甜蜜高中扎實

嘉中六年的生活有點像坐著旋轉木馬，在歡笑聲中，在學習壓力下，轉呀轉，四周都是明亮、愉悅的景物，有挫折也是短暫的，就像小孩跌倒了，拍拍屁股就站起來，真是一段美好的歲月，只是初高中感覺不同，初中是懵懂甜蜜，高中是艱苦扎實。

考上嘉中很高興，雖然通車辛苦，但每天都笑嘻嘻上學，我被編入一年丁班。大家都剃了光頭，新生訓練時，碰到的第一個同學是蔡宗海，他後來是著名的建築師，坐在我隔壁。我們每天偷看對方便當，他帶一個煎蛋加花生米，我則帶一小片、像一個指節大的香腸，外加一個蛋和青菜，有些同學只帶白飯，配一碗福利社買的魚丸湯，看到同學這麼刻苦，覺得自己很幸福。

初一導師朱永福先生很貼心，那年的春季旅行，帶著同學上阿里山，大部分人頭一次搭乘森林小火車，七彎八拐，覺得很新奇，一路談笑，看了森林神木、遊了姊妹潭，心滿意足下山，留下滿滿的回憶。還有一位數學老師，鄉音重，因為是單親爸爸，自己要照顧兩個小孩，生活忙碌，上課時經常服裝不整，拿著三角板、圓規匆匆跑進教室，站到講台上就說：「以耶咕耶為嘟，歐度殺橡樹……（以X為主，一次三項式，m是偶數，n是奇數）」，實在聽不懂他講什麼，但回憶起來，仍覺得親切甜蜜。

上了嘉中，還是和很多小學同學一起玩樂，青春期好動，喜歡女孩子，愛幻想、愛講話。我從小熱情，喜歡熱鬧，直到快考高中時，大家還在鬼混，經常跑

初三丁同學
希望与毅力
可創造奇蹟
蔡賢一敬勉

初三丁班導師
蔡賢一先生

初三丁班師生合影

到簡人龍他阿嬷的大宅院，那是哥們專屬的地盤，他爸爸是醫生，是我媽媽的表哥。簡家院子深，房子大、房間多，又沒人住，有很多骨董床鋪、座椅，我們每晚在那裡聊天、抽菸，就是不讀書。直到接近入學考試，才趕緊收心，臨時抱佛腳，還好僥倖考上嘉中高中部。

4 十六歲立志學劍

我們從大林考上嘉中高中的，共有二十三位，因為是同鄉，大家感情很好，互相照顧。剛進高一，一位國小同班同學江炳村，他就讀市區的玉山中學，在學校被霸凌，嘉中的二十幾位「大林幫」就去給他助陣。因為這層關係，他慫恿我學劍道，帶我到「乾元道場」，那是醫學博士劉乾元開設的道場。沒想到他的建議改變了我一生，日後拜乾元仙（注一）為師，學習劍道，以道館為家，在那裡住了兩年。兩年間，每天只做三件事：練劍、上學、讀書，每天睡三個半鐘頭，凌晨一點就寢，早上四點半起床，像個學道的武士，心無旁騖。

當時，男生都愛看劍道片「強霸拉」（注二），我特別崇拜宮本武藏，佩服他武功高強，身手俐落，電影中經常看見他在路上彳亍獨行，有宵小尾隨想暗算，他倏地轉身揮刀，刷的一聲，對方應聲倒下，他若無其事收刀入鞘，繼續前行，簡直帥呆了，等到正式學劍，才知道那是一種極辛苦、極艱難的鍛練。

恩師「醫博劍仙」劉乾元先生，當時是劍道六段，是全國最具實力、段數最高的老師。他時時教誨我們要有三心，就是「專心」、「耐心」、「殘心」，殘心是指時刻要留意突發狀況，他從劍道中悟出「閃、讓、退、忍、吉」的哲理，以這五個字教我們克服困難、戰勝逆境，成為文武雙全的劍士。

除了學劍，他要求我每天抄寫一頁英文單字，不管過年或假日，都親自為我改正並簽名，花了一年多，我抄完四萬字小辭典。他教我劍道，練得一身好體力，又勉勵我日日精進、努力不懈，我奉行此原則，數十年如一日，能有今天小小成就，時時感念他的教誨。

習劍從基本動作開始：拿劍、姿勢、腳步、前進、後退、打擊，每天在家裡要舞劍五百下。每週兩晚到道場練劍，寒暑假還要參加老師為我們開辦的救國團劍道營。才學習三個月，剛學會基本動作，就被老師徵調到台北比賽。聽到要去台北又高興又緊張，不曉得怎麼比賽。到了開南商工，就被推上場，雖然已學會基本動作，但真與人對打，還是會怕，覺得自己是菜鳥，怎麼辦？也只能硬著頭皮上場。對方是開南商工高手，一直追著我打，我一直躲，實在沒別的辦法，就躲到裁判的後面，被裁判抓了幾次，糾正說：「年輕人，這不是在打架，是在比賽。你怎能躲到我後面？」當然那次成績很差，但這是第一次上場，永遠難忘當時的緊張。

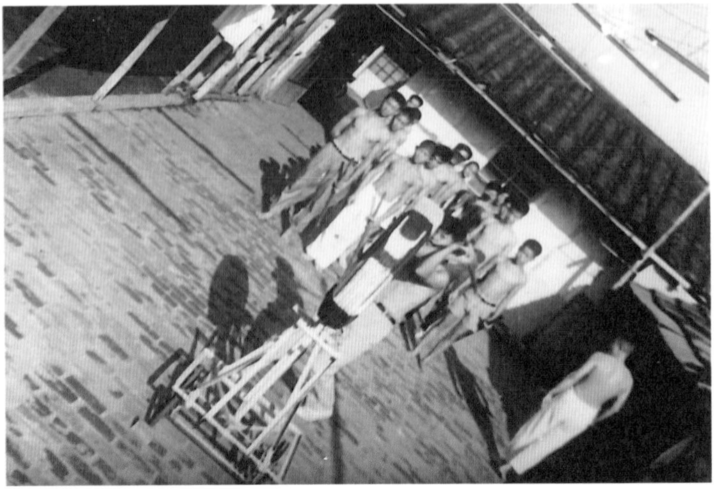

作者砍輪胎練劍，乾元道場練習實景。

其實在乾元道場，老師非常欣賞我，每次寒暑假的劍道營或相關活動，都指定我擔任隊長，負責指揮大家整隊、口令、集合、跑步、練劍、休息、生活起居等。我也盡量把事情做好。唯一的苦惱是，晚上跟隊友們同住，實在睡不安穩，我家離道場不遠，總想回家睡個好覺，第二天再趕來叫醒隊員，但劉老師堅持：「不行！你是隊長，不能離開隊員。」我雖難受但也沒辦法，只能乖乖在道場睡覺。

老師脾氣不好，他的兒子、學生甚至女兒、太太都被他敲過頭，只有我沒被敲過。他教會我很多事情。記得我考上醫學院時，他叫我到他的診所接受新生訓練：倒便盆，連續倒了一個禮拜，才算及格。寒暑假回大林時，我一定陪他吃飯，他邊抽菸邊聊天，講起生活的歷練，教我如何面對困難、解決問題。他愛喝啤酒、喜歡抽菸，我常幫他點菸，看他緩緩吐出煙絲，慢慢將人生的道理，娓娓道來，在煙霧繚繞中，受益無窮，何其有幸，能在名師門下學習，又蒙他多方照顧提攜，就像幼苗，在愛心和紀律中成長。

高一上開始，住到老師家裡，十分用功，練劍之餘，分秒不敢浪費，學業成績明顯有了進步。記得每次上台北比賽，住在公園路上的新生旅社，現在公保門診中心對面。我們喜歡到西門町閒逛，從旅社到西門町要經過衡陽路，每次經過衡陽路一家銀樓，師兄劉家齊、劉老師的次男就說：「這是許正華家，他是開南商工劍道隊的。」沒想到，衡陽路許正華家的二小姐，後來成為我的太太：許美華。

自從學劍，不眠不休，每天讀書到半夜一點，早上四點半起床，只睡三個半鐘頭，累了，就在學校趴睡，連坐火車都在看書，成績突飛猛進。高二化學有一位林新塗老師，在嘉中教了四十年化學，他說：「教書幾十年，從沒有一個學生能夠八次考試都第一，三次月考一次期考，兩學期共八次，就只有劉輝雄。」

高一我是丙班，升高二時，理科和文科分組，我因為想習醫，所以選理科。理科共有六班，從甲班開始按照成績分班，一直到己班，我被分到戊班，是第五

君子有九思：
視思明，聽思聰，色思溫，貌思恭，言思忠，
事思敬，疑思問，忿思難，見得思義。
錄論語句，與
高三己班畢業同學共勉！並祝
鵬程萬里、
馬到成功！

彭全德 丙午冬 於省嘉中

高三己級任 彭全德老師

高二己班師生合影

班，算後段班。後來發憤圖強，在戊班拿到第一名，大專聯考也以第二志願，考入北醫。

注一：台語所謂的「仙」，其實是「先」的意思，是由日語轉來的，日本人稱呼老師、醫師，都叫「sensei」，台灣人簡稱或暱稱老師，也叫「仙」（sen），阮仙，就是我的老師的暱稱，本文中的劍仙有兩層意思，一是劍道老師，二是非常厲害的劍道高手。

注二：「強霸拉」從日文音譯而來，就是チャンバラ，劍道之意。

陽光燦爛的少年時代，作者初中時攝於家門前。

5 醫博劍仙劉乾元

我的成績能夠突飛猛進，歸功於學劍後，養成刻苦、自律和明快的習慣，歸根究底是劉乾元老師的功勞。他不但對我的成長幫助極大，也是台灣劍道史的傳奇人物，最喜歡人們稱他「醫博劍仙」，他是熊本醫大的醫學博士，我入門時，他是劍道六段，當時台灣實力最強的高手，後來升到十段範士。

他也是嘉中校友，本來學藥劑，後來改學醫，醫藥專長兼具，對台灣劍道的推廣也貢獻卓著。他個子不高，身材中等，但帥氣清秀，眼神凌厲，相貌堂堂，仔細觀察，有三個特質：快人、快語、快劍。由於長年練劍，手臂特別壯實有力，對學生很嚴格，也非常照顧，標準的霹靂手段、菩薩心腸。在乾元道場習劍的，大約有二十名學生，不但學習免費，而且所有服裝都由老師提供（劍道服裝護具非常昂貴），學生只要自購一把竹劍即可。回想起來，再提供一把竹劍，對老師並非難事，但他用心良苦，希望至少有一樣東西，由學生自備，這樣才會懂得愛惜武器，珍惜學習的機會。帶學生到處比賽時，所有旅費都由他負擔，還栽培績優的學生，在物質上幫助他們，讓學生能夠安心學習。他是性情中人，待人熱情真誠，記得小時候，他應邀到大林國小演講，上了台只講幾句就下台，他說：你們要按時吃飯，按時大便，才會健康。留下操場上錯愕的師生，如今想來，他的話言簡意賅，令我終生難忘。

民國五十二年、一九六三年，我初學劍道，老師為了訓練我們的膽量，要求同學深夜單獨到墓仔埔試膽，當時鄉下普遍迷信，敬畏鬼神，他這樣做，也是開風氣之先。師母是日本人，老師的一舉一動也帶著日本人一絲不苟的嚴謹，前

劉乾元恩師（前排右）與師母（前排左），後排左起為劉雅齡、劉家森、作者、劉家齊。

文提到他喜歡喝啤酒，替人斟酒時，酒的商標一定朝上，讓對方可以看清，不用懷疑是否毒酒，他說這是日本武士的講究，隨時要提防敵人攻擊，哪怕在筵席上。他喜歡吃飯時聊天，一餐飯下來，要兩三個鐘頭，印象中他最得意的是，乾元劍道隊代表嘉義縣拿到全省冠軍。

那年是民國五十七年、

一九六八年，我代表嘉義縣乾元隊，到屏東參加全省錦標賽，對手是桃園縣隊，主將是當時最具威力、最勇猛的五段吳光烈，那時我才二段；比賽時乾元隊的陣容是：先鋒—劉家齊（四段）、四將—劉家森（二段）、中堅—江炳村（三段）、副將—劉家安（初段）、主將—劉輝雄（二段），前四位出場，比賽結果兩敗兩勝，平手膠著。最後關鍵主將對主將，以實力而言，我絕非吳光烈的對手，當然十分緊張，只能全神貫注，繃緊神經。

吳光烈大概前晚沒睡好，或者輕敵，來來往往之際，被我擊中手部（コテ），我得了分，他開始急了，一路猛攻，在混戰中，我被打中頭面（メン），比數一比一，當時已接近結束，乾元隊友齊喊「阿輝兄！加油！加油！」、「拖時間！」、「拖時間！」我只好使出拖字訣，邊應付，邊設法迴避被擊中，比賽結束時，一比一平手，兩軍二勝二負，算是平手，但計算得分點數，就是擊中對手的支數：手、頭或腹各得一分，得分總數我軍贏了一分，嘉義縣乾元隊贏了桃園縣信東隊，獲得民國五十七年全省劍道錦標賽冠軍。而且是不起眼、段數較低的我，與當代第一猛將打平，讓乾元隊登上冠軍。我與吳光烈平手結束的當下，被隊友們高高抬起往上拋，歡聲雷動！這是乾元道場創立數十年來的大事，得到冠軍的喜悅，使大家興奮落淚。

帶著冠軍榮譽，從屏東回大林，是了不得的大事！劉老師最愛熱鬧，特別請中學樂隊到車站迎接，再由軍樂隊引導，搭乘吉普車遊街，每位選手一部吉普車，在車上帶著笑容，四面八方的揮手，接受群眾歡呼，沿途商家燃放鞭炮，路上行人駐足鼓掌，在昂揚的管樂聲中，劈哩趴啦的鞭炮聲中，我們沉浸在勝利的喜悅裡，也感念恩師激勵我們的苦心。

卷三——六年習醫

北醫生活是緊張的，如激流泛舟，在急湍中，努力把著雙槳，朝目標前進。我同時修習德文日文，劍道從初段升到三段，令人戰慄的解剖學也過關，並在獲得赴日進修機會時，悟出「挑硬，不挑軟」的道理，從此終生奉行……

自在的超越，在專注的瞬間湧出

Je me surpasse en toute liberté, dans l'instant et le jaillissement.

劉輝雄 繪

衷心的感謝與祝福

劉輝雄

1 北醫的酸甜苦辣

民國五十五年（一九六六年），我以總分四三九．五分成績考入台北醫學院醫學系，那一年共錄取一百二十名，我是最後一名，據說同分的同學有八位。

因此，我雖然考進醫學院，自己和家人都高興，因為他們從小鼓勵我學醫。但絲毫不敢自滿，當年初中入學考試，被分發到新港分部的經驗，記憶猶新，我永遠記得人外有人，不可自得於小圈子的成就。而且，打從放榜開始，我就立志一定要拿到醫學博士，這是受劍道老師：劉乾元先生的影響，他最喜歡人家稱他醫博。小學畢業典禮，頭一次聽到他致詞，就很崇拜他，何況我後來不但拜入門下學劍，而且高二那年，拿到初段資格，見賢思齊的動機更強烈。

高中時，開始發覺成績的重要：有些同學不必參加聯考，就可以保送第一志願台大，我則拚死拚活才能進北醫。來到北醫，有學長提醒我：將來分發實習醫院是看成績分配。所以六年的吳興街生活，一直努力不懈。

如果說嘉中六年，是坐在旋轉木馬上，愉悅的轉著圈，在音樂聲中，隨著木馬的起伏，瀏覽周遭風光。同樣六年光陰，吳興街的北醫完全不一樣，好比激流泛舟，坐在獨木舟上，在嘩啦啦的急湍聲中，努力把著雙槳，瞄準目標，奮力前進，容不得半點偏差。醫學院的課程一點都不輕鬆，何況，我是鄉下來的孩子，故鄉大林只有一兩條街熱鬧些，雖然通學上嘉中，每天也會經過熱鬧的大通、中央噴水，在市區走馬看花，但和台北完全不能相比，台北要大很多、繁華很多。但一九六六年的吳興街，好比地球的盡頭，它位於大都會的偏角。當時，基隆路尚未拓寬，到處是違建，從基隆路轉入吳興街，也是轉入另一條窄路。沒想到，堂堂第二志願考上的台北醫學院（後來才改為大學）居然在這麼偏僻的角落，難怪許多優秀的同學不管怎樣都想進台大醫科，班上的鴻光、元麒、伯皇和榮柱諸兄都如願考上台大，伯皇和元麒還先後擔任過台大外科部主任。

我不敢有此奢望，只盼能在北醫好好學習，何況我是吊車尾進來，我們這一屆一百二十人分成兩班，甲班由風趣的愷碩兄當班長，乙班班長則是穩重的慶豐兄。那年十一月報到，碰上連下兩個月的陰雨，據悉某位南部來的女同學，每到黃昏就悶悶不樂，從窗外望出去，天陰沈沈的，雨綿密密的，地濕答答的，屋裡冷清清的，心裡悲悽悽的，想到故鄉暖烘烘的冬陽，看著屋外潺潺細雨，淚珠一顆顆掉下來。當時沒有高速公路，當然也無高鐵，從南台灣到北台灣，長路迢迢，像我從大林搭平快車北上，早上八點出發，要到下午四點左右，才到台北，住在高雄屏東的，車程就更遠了。這位思鄉情切的女同學，有位財力雄厚的富爸爸，就在學校旁買了大約一百坪地，蓋了一棟兩層高的樓房，讓女兒有個舒適的住處，剩下的房間分租給北醫的同學，班上就有人在那裡租住。

外地來的同學特別節儉，很多人參加校內伙食團，每月兩百四十元，一天八元，三餐吃到飽，菜色可想而知。早餐是撈不到飯粒的稀飯，外加三片小小的脆瓜，每週加菜一次，一個滷蛋或者薄得透光、肥到不行的三層肉。最感念瑞永兄和子瑜師兄擔任伙食委員時，為了降低成本，讓同學吃得好些，每天早上三四點，就踩著破腳踏車到中央市場買菜，這種盡責的精神，現在想來，還是很感動。

二年級只有十六個學分，輕輕鬆鬆，其中有機化學稍難，同學們胸懷大志，為將來著想，大多加強第二種外語：日文或德文。德文班由「中德文化學會」開辦，在台大上課，學生多半來自台大醫科和北醫醫學系，目標是爭取畢業後，每年一位公費赴德深造的機會。我除了德文，還自學日文。父母親都諳日文，劍道老師乾元仙也是留日博士，大概受他們影響，所以抽出時間，同時學兩種外文，總以為日文遲早會派上用場。

修完兩年共同科目，三年級進入基礎醫學課程，攸關將來臨床，同學們都很認真。先談解剖學，全部由台大教授群：余錦泉、蔡錫圭、林槐三、鄭聰明等老師授課。上學期的理論課枯燥又艱深，在暗室內聽講，同學們打呼聲，此起彼落。下學期是實驗課，由同學們實際解剖，真正認識到人體結構，學習對生命的尊重，永遠感佩大體老師，有些同學因而一個月吃素。

至於解剖學的跑檯考試，更是醫學系在校六年，最刺激、最緊張也最難忘的一刻。考試的方法是這樣：老師在幾張檯子上，陳列人體各部位重要器官、肌肉、骨頭、血管甚至神經等標本，這是老師認為必須要懂、要熟記和最重要的Point，老師通常會在他要考的部位，做出明顯的標示，一般都是這些器官比較偏僻、容易忽略的部位，用意是希望同學們無分部位大小，都能熟悉名稱，這是考試題目，每道標本考題旁邊都有順序的數字標示，一共六十道題，每個題目前面，分派一位同學站著。考試一開始，同學必須在一分鐘內，就站立位置所問的題目，將拉丁文學名，寫在答案紙上，時間一到，鈴一響，就得往前移動，解答下一題，六十分鐘內，必須答完六十道題，這是非常緊張的考試，學醫的同學一輩子都不會忘記。

還有教我們「寄生蟲學」的鍾文政老師也非常盡責，特地帶同學到吳興街底的豬圈抓蚊子做研究，豬仔受到騷擾，不耐煩，起來攻擊大家，結果在奇臭無比的豬寮，我們被母豬追著跑，牠一路追，一路嚎，大家都狼狽不堪。

作者（中）於北醫解剖檯邊與同學王明堂（左）、阮福祥（右）。

到了五、六年級，是醫學院學生轉大人的階段。因為那時起，就是「克拉克」（見習醫師英文為 clerk），可以上午穿著白袍，到醫院見習，下午回學校上課，每個人都興奮得很，班上依學號、地緣、同好，主動分成十六組，各組輪流到馬偕、中興、仁愛、和平、松山療養院、空總、礦工醫院各科見習，有認真教導的主治醫師，也有放牛吃草的，幸運的是，第一、二屆北醫畢業的學長，已在這些醫院當住院醫師或主治醫師，對我們本屆（醫科第八屆）學弟妹都照顧有加。

公衛實習時，要到建成衛生所（現已併入大同區）、大同公司、自來水廠等單位實習，北醫早期沒附設醫院，酸甜苦辣的見習生活，是一種歷練，更是日後成功的推力。如沒趕上第一班37號公車或大有2路，轉10或17號公車到馬偕，趕不上早會，遲到了，有時會被罰站，顏面全無。在鐵路、中興醫院見習則相對輕鬆，課後可以到巷內，享受全台灣最便宜最大碗的陽春麵或牛肉麵，只不知它的原料是哪來的。如果到性病防治中心，可以順遊西門町，也是小小的樂趣。有時舞聖承嘉兄會帶我們去西門町「記者之家」參加舞會，但我缺少跳舞神經，只能欣賞美女吃些餅乾。

2 註定要進入內科

六年時間，就在緊張而又帶著歡樂的氣氛下，流水一樣的過去了。

分發實習時，六年成績總結：我是全班一百二十名中的第十四名，按照成績，排前的一到十五名，可以分發到榮總，但我打算將來開業，所以選擇馬偕醫院，覺得它的屬性比較庶民，也許對於創業會有幫助，因此，我放棄到榮總的機會，改由班上第十六名遞補到榮總。結果，當年到馬偕實習的二十名醫師中，我成績最好，因此以第一名的成績來到中山北路，被選為實習醫師代表，負責與院方溝通、同時照顧全體實習醫師的起居生活。

也許是命運的安排，當時，我右腕有個神經節囊腫，常隱隱作痛甚至劇痛。即將分發實習時，擔心影響工作，就到福州街的和平醫院作了小手術，不幸傷口感染，我只好帶著傷口來到馬偕，原本分發到外科開始實習，因有傷口，不便刷手上手術檯，所謂刷手就是用毛刷把手徹底刷乾淨，避免把細菌帶上檯，於是與瑞永兄調班換位，他就是日後的整形外科權威楊瑞永，擔任過台北長庚燙傷中心主任，陰錯陽差之下，他由內科到外科，我則由外科到內科開始實習。

其實在校時，我打心底喜歡外科，但三個月的內科實習，卻改變了我的想法。我愛上了內科，這可能與當年馬偕內、外科主管的作風，還有他們對學生的關懷和教學態度有關。我很感激當時的內科主任詹錕鋙醫師，他後來擔任馬偕醫院院長，現已退休。

畢業時特別與初中好友、文大畢業的蔡宗海（右）合影。

民國六十二年夏天，我從醫科畢業，開始服役，被分發到外島，搭著軍艦橫渡台灣海峽，再由軍艦改搭小船、再從小船換登陸艇。到了最前線的二膽，全島的一百多位弟兄及動物，包括豬狗的健康，全靠我照顧，活動面積與台北新生公園略等。

島上退伍的同鄉返回嘉義，請他代向母親報平安時，母親擔心落淚：「那麼小的島，颱風大雨，會不會淹掉？」所幸安然無恙，待在離島最前線，並且在十二月請假返台，參加醫師執照考試，還在詹主任和吳再成副院長同意下，提前為我個人舉行住院醫師的招收面試，保留面試成績，與隔年三月份正式考試的考生成績，一併比較，再決定是否錄取。民國六十三年三月，報考五十九名，錄取七名，記得我的成績是第三名。

馬偕內科是本土色彩濃厚的所在，醫院位於中山北路與民生西路口，交通方便，病人很多，在很短的時間內，我就接觸到台灣北部最常見的內科疾病患者，病人遍及大台北地區，甚至基隆、新竹、桃園等地，也和就診者建立了良好的醫病關係，醫學教育之外，全院奉行耶穌博愛的精神，我也深受薰陶。

兩年的內科基本訓練後，我認為腸胃科較有發展空間，因為它的轄區很廣，凡是與消化器官有關的疾病，從食道、胃、小腸、大腸，到肝臟、膽囊、膽道系統及胰臟都是，所以又稱為消化內科或是腸胃內科。因此四位總醫師自己分科時，我選了最不起眼的胃腸科，也向前輩主治醫師借了胃鏡的日文書籍，並托岳母赴大阪時買回一些新書，自行進修，因為前輩能給的十分有限，只好自求多福。

由於主治醫師對胃鏡沒有什麼興趣，讓我有更多機會操作，半年下來，胃鏡

北醫同學爬阿里山合影，第二排右二為作者，右五楊瑞永，前排右一為許敬業同學。

操作自如，只是在判讀、學理分析上，不太有自信。初入馬偕時，講明住院醫師三年，第四年是主治醫師，不料院方政策急轉彎，住院醫師由三年延為四年，我們無故被留級一年。院方為彌補損失，補償我們可到台大或榮總受訓三個月。

3 台大進修三個月

提起腸胃內科，台大宋瑞樓教授是這方面的泰斗，如有機會向他學習，將是何等幸事。於是向院方申請自民國六十六年四月起三個月，留職留薪，打算前往台大受訓，院方也答應了。

可是要到台大受訓，談何容易，馬偕只答應可以到台大，但如何讓台大接納，是自己的問題，馬偕不理。這對來自鄉下的我，更是困難。找誰介紹？雖然馬偕的主治大夫是台大畢業，但與台大一向無往來，周遭親友也沒有一個與台大醫院有淵源，中山北路的馬偕到中山南路的台大雖距離不遠，但在封閉的醫學教育圈，這段路卻非常遠！當時太著急，竟忘了可以求助台大醫院的嘉中醫師會，說不定有台大的嘉中前輩願意幫忙。

為了解決去台大的困難，直到三月二十九日青年節假期結束，我都不敢出門，馬偕以為我已到台大受訓，其實我在家閉門讀書。當時在馬偕，我是總醫師，下面有位洪姓住院醫師，洪武雄醫師是台大畢業（記得是嘉義名醫侯炎博士的女婿），他告訴我：台大王德宏教授人很好，不妨毛遂自薦試試。三月三十日，吃過午飯，我與內人到地下室的台大胃鏡室，打聽王教授的動向，胃鏡室的同仁說他去看門診，大概四、五點會回來。雖然他要幾個鐘頭才回來，但我們也不敢走開，時間過得慢，等了又等，急了再急，王教授終於回來了。

看著他處理好一些公事，我才小心翼翼的走進辦公室，告知來訪的目的。對一個完全陌生的校外年輕醫師，他居然立刻同意，只要求由馬偕補個公文，還說

作者與恩師王德宏教授（右）。

第二天來，會帶我面見宋瑞樓教授。王教授對院外學生如此照顧，毫無門戶之見，真是學者風範，如果沒有這位消化器病學恩師的啟蒙，如果不是他慷慨的提攜，恐怕就沒有今天的我，我們從此結下師生善緣，他後來常跟台大的同事說：劉輝雄是台大的，不要把他算進北醫，我每次聽朋友轉述這句話，都覺得非常溫暖。

前文提到，我常託岳母帶回日本新資訊，在家苦讀自修，又到台大醫院胃腸科接受三個月的洗禮，在多位當代大師，包括宋瑞樓、王德宏、王正一及陳定信教授的指導下，受益匪淺，感激這些大師們無私的教誨，讓我比以前更充實，更有自信。

4 挑硬不挑軟哲學

回到馬偕，參加胃腸科的大小會議，頓時成了熱門人物，無論是上消化道X光判讀教學或是胃鏡討論會，似乎都少不了我。院內每週六上午在淡水分院有全院討論會，有關胃腸的case也由我負責。這時我只是總醫師，上面還有主治醫師，他們可能心裡不是滋味，礙於專業的討論無法挑戰我，只好從制度上為難我。

有一天，我以總醫師身份給八位住院醫師，分派題目，讓他們隔年到消化系醫學會發表論文，結果寫在黑板的題綱，主管硬是要人把它擦掉，讓我深覺職場險惡，務必自求生路，才能脫困。

碰巧醫師公會刊出「武田獎學金和日本醫師會獎學金」的訊息，前者是大獎，後者是小獎。大獎要求嚴格，需有論文審查；小獎由台北市醫師公會分配到三個名額，但只有三個名額，一定有許多人申請，怎麼辦？到了公會，才知道用抽籤決定，大概來了四十位申請的醫師。

開始抽籤時，每人由大紙袋中抽出一個紙團，決定勝負。手伸入籤袋時，第一個摸到的是軟軟的紙團，但指頭碰到旁邊有一個硬硬的，心想一定要換個硬的！當時靈光一閃，覺得有獎的籤，一定特別包得緊緊，沒有中的籤，可能隨便包包，就會鬆垮垮的。

憑著這個靈感，挑了一個硬硬的籤，果然中了獎：日本醫師會獎學金五萬日圓，並可赴日本進修兩個月。幣值雖僅台幣萬餘元，但戒嚴時期，觀光護照還未開放，有此身份才能出國。這些對我都不是頂重要，重要的是這個獎學金救活了我，敗部復活，有了深造的機會，不必擔心被封殺了。

馬偕規定出國進修兩個月，必須依照合約返國，且一定要在馬偕服務兩年。我等於被保送上壘得分，要封殺我已經太遲，感謝上帝！馬偕真的需要有位更優秀的胃腸科醫師。

抽籤的「挑硬不挑軟」固然有運氣的成分，但印證到過去的經歷，實際上也是如此，如果不是辛苦學劍，鍛練出良好毅力，無法從末段班拚到醫科；如果不是立志攻博士，就不會在北醫沉重的課業壓力下，還抽時間進修日文。回顧過去，總是挑硬不挑軟，一關過一關，先苦後甘，這個道理給了我很大的啟示，我把它當成工作和生活的座右銘，直到現在，還經常分享給員工和年輕朋友：做事要成功，必定要苦幹，專挑難的做，才會出人頭地，凡事挑硬不挑軟，自然水到渠成。

HuHsingLi
2012.12

卷四——日本進修

一九八二年台灣消化系醫學會年會，在我指導下，馬偕共有八篇論文口頭報告，打破全院紀錄，我主報 EST 主要論文時，全國各大醫學院胃腸內、外科教授、副教授、講師們都到場，全程聽取。

1 初到東京的狼狽

一九七八年二月，拿到日本醫師會獎學金，帶著王德宏教授的介紹信，前往東京女子醫科大學消化器病センター（中心）報到，向大井至先生學習「經內視鏡逆行性膽胰管攝影（ERCP）」，大井是世界第一位完成ERP（注一）的學者，所謂ERP就是「內視鏡逆行性胰管攝影」。

一九七八年二月二十八日，第一次搭機出國，從松山機場出發，那天飛機十分顛簸震盪，我很害怕，擔心是否安全，憂慮是有理由的，當晚電視新聞報導：東京地鐵東西線快速電車被龍捲風侵擊，兩節翻覆，一節脱軌。

當晚，住進千代田區JR飯田橋站（Idabashi）附近的Grand Plaza Hotel，這是我下塌日本的第一間旅館，印象深刻，以後數年，頻繁進出東京，仍然難忘首次投宿的感覺，偶爾還會去住宿，懷舊一下。到日本的頭三天，由日本醫師公會安排行程，訪問北里大學跟東海大學，參觀他們的醫院。這都是跟公會理事長有關係的醫院，整個參觀過程，由醫師公會的祕書陪同。

出國進修不容易，我帶了新東陽的肉乾做見面禮，送給醫師公會的祕書，熟悉日本習俗的朋友都建議我帶個伴手禮，萬一給人家添了麻煩，才不會不好意思。

三天拜訪後，就各自前往即將進修的醫院報到。我被分發到東京女子醫科大學GI Center（注二），記得那天，特別由內人二嫂的親戚帶路，從新宿西口搭巴士到東女醫大的GI Center，即腸胃科中心，辦完事，再回新宿西口。午餐是我單獨在東京吃的第一餐，記得是在新宿西口的「つな八」吃炸蝦，非常美味，直到現在，只要到新宿西口，就想帶家人去解饞。

到了日本，必須自己解決住宿問題，原本想托太原路的桂林內科幫忙，因為他們在東京有房子，但因對方不方便，只好另想辦法。

同行到日本學習的，有位北醫學長姚欽祥，是婦產科醫師，他這次要到慶應大學研習。學長說他叔叔有位日籍朋友，在茅場町有一間小辦公室，學長晚上就睡在那邊，特別情商讓我跟他一起住。

到現場才發現，辦公室太小了，床鋪是從牆上拉下來的，只夠一個人睡。而且臨時起意過來，毫無準備，那裡無床無被，更不曉得三月的東京是這樣冷，當晚把所有衣服穿在身上，包括衛生衣、衛生褲、毛線衣、大衣，全身裹得密不透風，還是凍得睡不著，只好在地上鋪報紙睡。

記得曾任立委的同鄉許登宮說：他剛到台北打拚時，沒有錢，只能睡工地，鋪上水泥袋，蓋著紙板睡覺。我在東京也差不多，窮醫生到日本學習，也只能蓋報紙睡地板，真的很難受。不曉得日本辦公室的衛浴設備這麼小，用起來很勉強，我跟太太說好像在棺材裡洗澡。

不僅睡覺克難，連上班都會迷路。我自認方向感好，上班前，也研究了路線：一出去有三菱銀行，轉角有三和銀行，再過去是地下道，搭地鐵就可以到新宿，全部記好了，自認不會迷路。哪知，晚上回來時，華燈初上，街燈和霓虹燈閃爍

霓虹燈一亮，異鄉人就迷失方向。

下，街貌完全變樣，我到了既熟悉又陌生的地方，每條路都有三菱銀行、三和銀行，方向錯亂了！只好一直走，走到很遠處的永代橋，總算找到目標，才曉得不但走錯，也走遠了，精疲力竭回到住處，台北人初到東京真是狼狽。

在東女醫大，週一到週五整天工作，週六半天。週六下班後，最高興的是到池袋一家烤鰻魚店打牙祭，當時一客約四百元日圓，吃一碗其實不夠，但還是只能算了，預算有限啊！

住茅場町的辦公室太可怕，也太冷，只好又跟太太的親戚打聽。聽說在池袋過去很遠的地方，有分租給留學生的公寓，我只好去那裡。那邊通勤很不方便，要先搭車到池袋，再換車到新宿，再搭公車到東女醫大。雖然路程遠，總是一個溫暖的家，還是很開心。

週日休息，想外出採購日用品，詢問三哥哪裡比較便宜，他當時任職彰化銀行，被派到東京的東海銀行實習，他說可以去どんや（賣場）。我穿上大衣，高高興興出門，可以趁機逛街，心情有點興奮，誰知樂極生悲，竟把大衣口袋裡的月票弄丟了。懊惱的回到宿舍，告訴同房的台灣留學生，他說：「你那個車票掉了，不可能找回來啦。」我只好再到新宿買一張，這是可來回搭乘的月票，並不便宜。

大約一個禮拜左右，突然有人打電話來，當時聽力還不行，但聽得出是月票被撿到了，叫我去新宿車站領。去領票時，發現日本人很公道。跟站務員說，我已重買月票，他說沒關係，新的可以退錢，這份體貼讓我印象深刻。後來，在東京搭電車，也曾兩次把相機落在車上，最後都物歸原主，可見日本人真的拾金不昧。

有一天，從新宿搭巴士到東女醫大，在車上巧遇高雄院綜合醫院的阮仲坝院長，他是我在台灣的舊識。問我：「你也來學習？」我說是。他說因為自己是開業醫院的院長，跟醫大外科的羽生富士夫教授交情好，羽生教授給他安排一間宿舍，裡面有空房，我可以入住，大家作個伴。

就這樣，跟阮院長住一起，一人住一間，三餐分工，早餐比較簡單，午餐、晚餐輪流煮，一天他煮，一天我煮，他喜歡味噌湯、我喜歡薑絲湯，其實買菜回來自炊，並不貴，大家作個伴，在異鄉也不會寂寞。

注一：一九六九年四月十八日東京女子醫科大學大井至先生首度完成經內視鏡逆行性胰管攝影（ERP），並在六月二十一日放射線學會第二〇八回關東地方會上，報告其在十二指腸鏡的觀察下，完成胰管攝影成功的三例報告。六月二十一日當天的同一會上，高木國夫醫師（癌研外科．現林病院）也發表他已經在一九六九年六月六日，完成首例膽管、胰管攝影（ERCP）的成功病例。

注二：GI是Gastric & Intestine的縮寫，亦即胃與腸。

2 而立之年找到 EST 切開術

在東女醫大的兩個多月，一直跟著大井至先生學習ERCP（內視鏡逆行性膽胰管攝影）。前文提到大井先生是ERP（內視鏡逆行性胰管攝影）的發明者，我有幸接受世界級消化器病學的教育，學習到研究竅門，也見識了日本醫師的學習和研究精神，一早出門工作，直到晚上八、九點還沒回家。細心到近乎神經質，センター每位講師以上的醫師都有世界一流水準。

當時東女醫大有位曾留學美國賓州大學的竹內正教授，專門研究胰臟外分泌機能與胰臟癌，醫大進修期間，我向他學到胰臟疾病的診斷與機能研究的基礎。千里迢迢來到他鄉，受盡多少辛苦，最好能學到台灣沒有、沒人做過的技術，這種技術所需設備最好在兩三百萬之內，馬偕才願意為我這個年輕醫師負擔，朝思暮想尋尋覓覓，普天之下哪裡有這種技術呢？

皇天不負苦心人，終於讓我找到理想的技術——EST（內視鏡十二指腸乳頭括約肌切開術），這是由 ERCP 延伸出來的技術。以 ERCP 百步穿楊的絕技，由內視鏡腔插入小導管，再經小導管插入十二指腸乳頭後，由此小導管注入顯影劑，在 X 光透視確認下，以小電刀切開十二指腸乳頭。將乳頭開口切大，總膽管結石會自然排出，或直接以摘石器摘石，甚至用碎石器把結石弄碎即可。

EST 是一九七三年由京都府立醫科大學川井啟市教授發明，翌年的慕尼黑世界消化系醫學會由川井及西德 Classen 教授同時發表。一九七八年，日本的 EST 有兩所大學特別有名，一是川井教授，另一是東京近郊杏林大學的相馬教授團隊。

未擴建前的馬偕醫院。1981年，作者曾在這裡完成十三例「內視鏡免開刀摘除總膽管結石」（馬偕提供）。

這時面臨了兩難：我已熟悉東京，是選較近的杏林大學？還是直接向發明人川井教授學習？結果命運之神給了答案。某天在東女醫大圖書館，在他們的校內刊物上，看到一篇有關相馬教授到北京講學的報導。一九七八年台灣還在戒嚴，跟著與大陸來往密切的學者學習，也許會引起麻煩，我因而決定前往京都，跟川井教授學習EST。

除了竹內教授的介紹，我還特地到日本醫師公會，找那位接待過我們的祕書，詢問是否能請公會的理事長武見太郎博士，幫我寫一封介紹函。他一口答應，說你是武見會長獎學金的得主，當然可以幫你寫介紹信，於是我帶著那封信直奔京都，找川井啟市教授，向他學習「免剖腹內視鏡摘取總膽管結石技術：EST」，亦即「內視鏡十二指腸乳頭括約肌切開術」。

3 川井啟市大師

一九七八年五月，日本消化器內視鏡醫學會正好在東京的國立教育會館，舉辦第五十屆總會，讓我開了眼界，觀摩到日本的醫學會如何舉行。當時會長是竹本忠良教授，他是山口大學第一內科知名的內視鏡大師。京都府立醫科大學的一些醫師，都在川井啟市教授的領導下與會，我第一次見到川井教授，見識到京都府立醫科大學公眾衛生系成員在內視鏡領域的威力，他們所發表的研究成果，全都領先當時日本的內視鏡學界，讓我更確定這就是我未來學習的地方，心想非去京都不行。

一九七八年夏天，帶著武見太郎博士的介紹信，前往京都。武見先生是日本醫師公會會長、曾任世界醫師會會長，畢業於慶應大學，堅持「守護獨立開業醫師的權利」，是歷屆會長中表現最出色的，也是全國醫學中心的教授，無論大醫院或小診所的醫師，甚至總理大臣都十分敬重，我拿著介紹信，到了川井教授的公眾衛生教室（Department of Preventive Medicine）。

川井啟市是世界消化器醫學會副理事長，在大學的職務，隸屬公共衛生學系（日本稱公眾衛生教室，屬預防醫學領域）教授，是國際知名的消化器病學者，學理、臨床、創新技術，同代很少出其右者。

京府醫大在川井的恩師、第三內科增田正典教授領導下，全部醫局（注一）的醫師共三百多位，是聞名日本的「天下第一局」（注二），全日本沒有一個醫局擁有這麼多醫師。看過「白色巨塔」的朋友都了解，一個科（比如京府醫大第三內科）只能升一位教授，升任教授競爭激烈，即使天才橫溢的川井，也無法晉升第三內科教授，學校又非常需要這種菁英，於是另闢途徑，創設預防醫學部門的公共衛生系，請他擔任教授，我初訪時，他才四十三歲，是年輕又傑出的教授。

初見面，他用幻燈片給我上課，學生只有我一個。教導我 EST 的適應症、操作技術、禁忌及併發症，耳提面命要我小心，萬一出問題會有醫療糾紛。此生真是榮幸，竟能「一對一，面對面」親炙世界級胃腸科大師授課。

川井教授是 GI 大學者，也是公共衛生系教授，他的團隊遍及關西地區大、中型醫院的消化器病內科，都是最優秀的內視鏡醫師。為了學習 EST，每週一到週五我要到六家醫院見習：東起琵琶湖畔的琵琶湖胃腸病院，西至明石市的市民病院。每天跑不同的醫院，最遠的離我住的阪急千里山，一早出門再回到家，要

恩師川井啟市大師（中）、渡邊能行教授（右）及作者（左）。

換大小車十次，還好不必搭船趕上課，因為醫院就在琵琶湖畔。週六，則回學校醫局，關門自修。

將近兩個月的密集研修，學得ERCP的真髓（ERCP操作得好，才能作EST）和EST操作技巧。走遍關西各大城市，看遍各醫院內視鏡室設備與操作技術，目前台灣胃腸科醫師走過日本最多家醫院、跟過最多位老師學內視鏡的，自認非本人莫屬。這種辛苦也奠定了日後為病人檢查時，病人較不會疼痛的主要原因。可見，凡事挑硬不挑軟是對的。

注一：所謂醫局是日本一般大學或醫科大學的附屬醫院的專屬機構，以這些附屬醫院各科主任教授為核心，統一調配科室內醫師的工作及人事安排。基本上，國立與公立醫學院校只有一所附屬醫院，每科室只有一名教授（即主任教授）、副教授一、兩名、講師四至六名、助教十名左右。

注二：京府醫大醫局由第三內科增田正典教授領導，共有三百多位醫師，是日本規模最大的醫局，故稱「天下第一局」。

4 EST登台一鳴驚人

四個月時間，一眨眼就過去了，從初到東京的狼狽、設定目標的苦惱、親炙一流名師的幸運，到遍訪關西醫院的辛勞，終於完成了日本的進修研習，帶著日本師長同事和家人的祝福，回到馬偕擔任主治醫師。一開始沒病人，因為病人喜歡找大牌主任。但我有信心，只要醫術好、醫德佳，病人自然會需要，受到肯定是遲早的事。

對於住院病人，每天至少查房一次，即使是偏遠的淡水竹圍分院（當時未有捷運，交通不便），只要有我的住院病人，我一定去看，週日假日，全年無休，颳風下雨，陰晴無阻。中山北路本院的病人，有空時下午再查房一次，就是轉到外科手術的病人，開完刀，我也是每天回診，一步一腳印，口碑漸漸建立了，不到半年，門診人數增加的速度，直追主任。

回到台灣，當然大力推銷EST給馬偕，行政高層十分欣賞。但是我上面的主治醫師及主任極力反對，說這種技術是未定論的玩意，幸虧吳再成院長有遠見，特案准以兩百萬元左右，購買EST儀器。

在台灣第一位操作EST的是我的恩師王德宏教授。馬偕買了設備，加以我是來自原創人川井教授門下，我在內視鏡操作上又有些天分，此外還得歸功於學習劍道養成的毅力、體力和耐力，使我有強健的體魄，可以穿著沈重的鉛衣在X光室，連續操作數小時。

沒多久就完成十三個成功的病例。一九八一年九月十六日中午，馬偕醫院為我召開EST全國首次成功發表會。當時是老三台時代，晚間新聞時間，各台都有我的畫面與報導，隔天各大報也都以頭條醫學新聞處理，一舉成名天下知！

電視一報導，家裡電話馬上響了，台灣各地總膽管結石的病人都慕名到馬偕醫院找我作EST。在此容我稍說明膽結石的種類，人體由肝分泌膽汁，儲存在膽囊，膽囊發炎結石，一般稱膽結石，但除了膽囊結石，肝內膽管、總膽管也會結石，一般需要開刀，有了EST，用內視鏡即可處理總膽管結石。

新聞不斷報導，門診天天爆滿。當時馬偕不看勞保，也還沒健保，我一個早上要看上百位病人，別的診間，只配一位護士，我則需要兩位護士，而且忙得不可開交。

經過我門診而住院的病人有六十五位，足足是小學的大班人數，這些數字是馬偕建院百年來內科的新紀錄。好在我一向急性子，受恩師乾元仙的影響，像學劍一樣，做事講求效率，對每位病人都很周到，不因人數多而有怠慢。

我不只重視臨床服務，對於學術研究報告，也特別用心。在東京和京都所見所學，應用於馬偕的日常醫療上，並將成果發表於一九八二年台灣消化系醫學會年會。在我指導下，馬偕內科共有八篇論文口頭報告。這是破馬偕全院醫師個人指導論文發表數目。尤其我個人主報 EST 論文時，全國各大醫學院胃腸內、外科教授、副教授、講師們都趕到三軍總院的會場，聽取我的報告。當時，曾任台北市衛生局長的陳寶輝教授也給予很高的評價。

在馬偕，「提到胃腸科，大家要找劉輝雄。」「提到劉輝雄，大家都知道是胃腸專科。」我想開業的時機到了，雖然吳院長待我恩重如山，馬偕也培育我茁長，院長為了留我，連續三次宴請，但從小，自己就立志開業，家人師長也一再期許，只好予以婉拒。

本來想到太原路接朋友父親開設的「桂林內科」，因價格問題，無力承接，只好改到吉林路錦州街口，開設「劉輝雄內科腸胃科」。剛開始，病人也不多，但口碑相傳，病人漸漸多起來，本來以馬偕的劉醫師為宣傳，現在，只說要說吉林路劉輝雄，應該很多人都知道。

卷五 —— 攻讀醫學博士

抽血已不輕鬆，還要將血清送到京都做檢驗，
每次都得提著裝乾冰的保麗龍盒，通過兩地海關檢查，
趕飛機、趕巴士，再轉計程車送入學校大冰庫，
一整天下來筋疲力竭……

1 將內視鏡當成生命

不知哪位聰明人說過：人生最幸福的事，莫過於從事自己喜歡的工作，因為可以樂此不疲，既把自己奉獻給工作，工作也回饋你快樂，兩全其美。在這方面，我很幸運，因為常常需要操作內視鏡，並從內視鏡中，查出患者的病灶，治癒病人，我樂在其中，把內視鏡當成生命般珍惜，希望能在這個領域，精益求精。

內視鏡的靈感據說來自江湖吞劍術，是德國人在一八六八年發明的一種金屬管，管子末端附有鏡子，但容易戳破食道，所以當時未普及。

一九四九年，東京大學附屬醫院的外科醫師宇治達郎和 Olympus 的杉浦睦夫，合作發明了世界上第一部微型胃內照相機，它是一條軟管，照相機前部帶有三百六十度活動關節的鏡頭。隔年，宇治達郎向東大申請人體實驗，他的前輩坂本為了解自己的胃潰瘍，自告奮勇充當實驗對象。一九五〇年九月，世界首例胃內照相機展開人體實驗。據說因為忘了裝膠卷，坂本不得不連吞照相機兩次，這次實驗總共拍攝二十一張照片，潰瘍病灶清晰可見，它是現代內視鏡的鼻祖，天才橫溢的宇治當時才三十一歲，淡泊名利的他，一心想開發治癌的方法，雖然有劃時代的貢獻，卻選擇返鄉行醫。

經過數十年的改進，現在已經發展成電子內視鏡，用一條細長的光學鏡頭伸入人體，經由人體原有的孔道，如胃鏡、膀胱鏡，或經由人為形成的管道，如腹腔鏡、胸腔鏡、關節鏡，觀察體內器官，不但能看見體內的影像，也能切取組織做切片檢查，或取出體內異物，是集觀察、診斷和治療於一體的儀器，它未問世

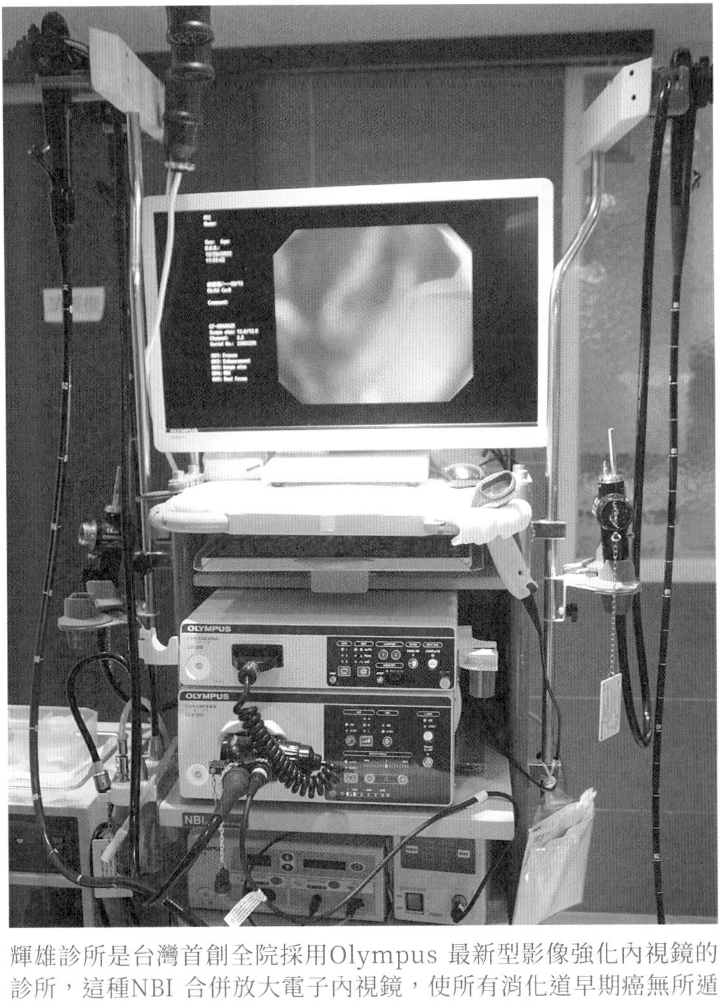

輝雄診所是台灣首創全院採用Olympus 最新型影像強化內視鏡的診所，這種NBI 合併放大電子內視鏡，使所有消化道早期癌無所遁形。NBI：CV-290，光源：LV-290，放大型大腸電子內視鏡：CF-H260 AZI。。

前，我們無法觀察胃腸內部的情況，但再好的機器也需要人去操作、判讀，站在巨人的肩膀，更應該好好利用它，讓操作盡善盡美，讓判讀更精確，至少我是這樣謙卑的覺得，這也是做為腸胃科醫師的我，如此珍惜內視鏡，並且到處進修的原因。

開業三年，打穩診所的基礎後，我一有空，就四處參加相關的學術研討會。以往在台大實習時的心得、東女醫大和京府醫大的研修，都讓我親炙國內和日本的一流名師，學會很多東西，深信只有不斷吸收新知，才能進步。

2 赴京府醫大註冊

一九八五年三月，參加日本消化器內視鏡學會總會的學術大會，因為診所有事耽擱，比預定時間晚到一天。沒想到因緣湊巧，到達池袋王子飯店時，竟然巧遇從京都來的川井教授，教授告知七月間將應台灣中華醫學會邀請，來台北榮總作專題演講，到時我們可以在台北見面，想想我們師生真是有緣。尤其是後來，當我得知當年在東京的杏林大學講授EST的相馬智教授胃癌過世，想起一九七八年，初次赴日研修時，也曾考慮就近在東京隨相馬智先生學習，但後來選擇川井教授，不得不感嘆人生的一切，好像冥冥中自有安排。

我早就期待恩師能來台北，讓我略盡地主及弟子之儀，聽他這麼說非常高興。

榮總的專題演講結束後，陪川井教授到台大拜訪宋瑞樓教授和王德宏教授，召開小型的討論會。最後一天和川井教授共進午餐時，冒昧請教他，是否有機會讓我到京都府立醫大進修博士？教授欣然應允，並詢問診所的工作情況，特別問到診所的病人中，每年胃潰瘍有幾例，十二指潰瘍有幾例，我僅就記憶所及，粗略的回答。後來才知道他正在研究胃潰瘍與十二指腸潰瘍的關係。他不僅是消化器病學家，也是消化性潰瘍的專家，他發現北海道人患胃潰瘍的人多，十二指腸潰瘍的少；住在本州的日本人兩者差不多；沖繩的日本人十二指腸潰瘍者多，胃潰瘍的人少。教授可能想知道：台灣的情形是否與沖繩類似？畢竟兩地的地理條件和生活習慣相似，我是教授的入門弟子、又是腸胃科醫師，因此對我的研究計劃，特別感興趣，當然這只是我的猜測。

教授這麼爽快答應了，我當然很高興，以為只要到校辦理註冊即可，直到與他前往學校教務處註冊組，才知學校並無先例，當時有點失望。教授鼓勵我別灰心：有志者事竟成。要求我將所需文件和履歷表寄到京都，他相信教授會議會通過我的入學申請。果然不久就接到通知，要我赴京都，作身體檢查，並辦理研究生入學手續。

此後八年，每年都利用寒暑假期間，托人代診，自己前往京都進修。川井教授指導我，做台灣消化性潰瘍流行病學、生理機能學與病理形態學方面的研究。其中除了一個大系列研究，需要向各大醫院索取消化性潰瘍患者年齡、性別及胃潰瘍、十二指腸潰瘍的比例，其他研究材料都來自自己診所的病例。

我用了六年時間，完成研究生必備的研究資歷，也通過語言考試，這是一種英翻日、日翻英的筆試。論文題目是「台灣消化性潰瘍的特徵」，其中的生理機能研究，以 Integrated Gastrin Response（綜合胃激素反應）來估算胃激素細胞的數目，每個病人要抽八次血。將胃潰瘍與十二指腸潰瘍病人分別比較，再就日本人與台灣人比較。病理形態則以胃黏膜四定點切片，檢查分析病人胃內萎縮性胃炎分布，再作比對。

要勸病人抽八次血在醫學中心都不容易，何況我的小診所。以一百個左右的病例完成論文是艱鉅的工作，抽血已不輕鬆，還要將血清送到京都做檢驗。每次都要提著裝乾冰的保麗龍盒，通過兩地海關檢查，趕飛機、趕巴士，再轉計程車送進學校大冰庫，一整天下來筋疲力竭。

博士論文於一九九四年春節前一天通過審查，安排在六月十六日口試，期盼一切順利，實現我的博士夢，這已是我到京都註冊研究生的第八年了。

八年來半工半讀，台北、大阪、京都不知跑了多少趟，花了多少心血。尤其寫主論文時，比對生理機能估算胃激素細胞的數目及病理形態胃黏膜萎縮性胃炎分布的分析總結，發現我的結論與文獻大大不同，當時都慌了，不知哪裡出了問題：抽血過程？標本錯置？演算方法？還是統計數字？

那年十一月，在京都度過了人生最艱苦難熬的十幾個夜晚與清晨，重新針對胃的生理機能與病理形態，就日本人與台灣人的胃潰瘍與十二指腸潰瘍交叉比對，根據文獻和川井教授交給我同系（日本稱教室）師兄的論文報告，胃潰瘍與十二指腸潰瘍二者不管在生理機能與病理形態上，都有統計學上的差異。但是我在台灣的研究，胃潰瘍與十二指腸潰瘍，就估算出來的胃激素細胞數目、胃黏膜四定點萎縮性胃炎嚴重度比較分析，並無統計學上的差異。

京都府立醫科大學建築宏偉（攝影／劉輝雄）。

簡單的說，就是台灣人無論是胃潰瘍還是十二指腸潰瘍，患者的胃激素細胞數目與胃黏膜四定點萎縮性胃炎嚴重度，都無明顯的差異，但日本人這兩種潰瘍患者，在兩方面都有明顯的差別。

3 台灣胃與日本胃

我反覆檢討與演算，究竟哪個環節出了問題？離開台北時，打算一個星期就可以宗成論文的結尾，此時一拖再拖。十一月是京都楓紅時節，旅客湧到，旅館一床難求。我只訂了一週的飯店，但沒理出一個結果又走不了。住宿是大問題，教授說來住我家吧，但當時每晚熬夜苦思，心急難以入睡，哪敢打擾師母。最後，與川井教授同一醫局的渡邊能行醫師（後出任京府醫大副校長，是區域保健流行病學教授）四處幫忙尋找飯店的空房，天天都換不同地方住宿。有一晚只剩京都最貴、最有名的「都 Hotel Sky Lark」。師兄弟們取笑，那是大牌編劇趕寫腳本時，才會入住的頂級套房，我只能忍痛住下。後來向教授報告研究結果時，教授脫口說：台灣人的胃與日本人本來就不同，讓我啼笑皆非，原來如此！沒考慮到國情因素，白白受了這些折騰。

生理機能學及病理形態學證實我的分析正確，國民飲食消費量的調查資料也佐證了我的論點：台灣人的飲食比日本人油膩，所以胃壁較健康。日本人吃得清淡，台灣人油膩，這點大家都知道，但到底多清淡多油膩，要仔細比較兩國的飲食習慣才知。如以庶民的角度，以我多年進出日本的經驗，也許可約略談一談：以便當來說，我們講究熱菜，日本便當是冷食。熱菜因為每道菜都含油，冷了不好吃。日本便當的食材清淡，冷食也不影響風味。其次是湯，我們愛用豬骨雞骨熬湯，或到超市買罐頭高湯，這幾種湯油脂多。日本人熬湯一般用昆布、柴魚、小魚乾，較為清淡，只有拉麵，才強調豬骨熬湯。再說到滷，日本人燉煮食物，用清酒、醬油、味醂，我們則用油炒過，再調滷汁醬料。我們喜歡炒菜，這就用到油，而且講究猛火。他們很少炒菜，只有中華料理店才炒菜。我們喜歡煎蛋炒

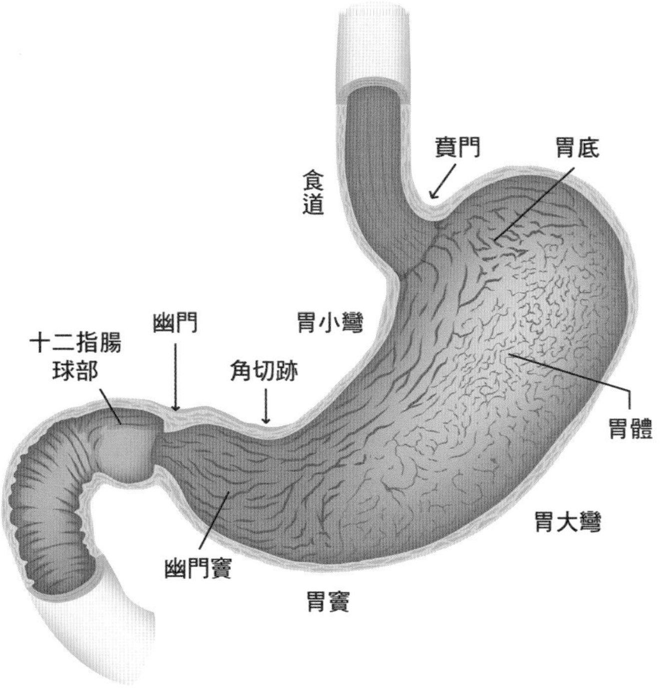

台灣胃與日本胃形狀相同，但台灣人胃壁較健康（繪圖／利曉文）。

蛋，強調油多才好吃；他們吃蒸蛋、水煮蛋和蛋捲，基本上不用油。日積月累下來，我們的胃自然比日本人吸收了更多油脂，使我們的胃壁和日本人不同，胃壁較為健康，但也容易造成肥胖。

川井教授非常高興，因為我的研究證實了他的理論。主論文在他手中已遭五次退件，我都覺得汗顏。打聽之下，才知道川井教授治學非常嚴謹，尤其胃的研究是他最專精的領域。他也一再鼓勵我：博士論文是歷史文件，日本文部省和學校圖書館都會建檔，千萬不可馬虎。

京府醫大創立於明治四年（一八七一年），在日本只有東京大學醫學部歷史比它久，指導我的川井啟市教授，剛卸下世界消化系醫學會副理事長，當時擔任亞太地區消化系醫學會祕書長，在GI（胃腸）研究領域，是從社會醫學、基礎醫學到臨床醫學無一不精的大教授，是蜚聲國際的大師，我能得到他的親授指導，非常幸運。

一個開業醫師能拿到京都府立醫大的博士並不容易，而且是師徒制，一對一，對方又是治學嚴謹的教授，更加不易，我感激內人的鼓勵和診所護士的幫忙。在京都深造的經過，與朋友們分享，是想告訴年輕的醫師，也許你很幸運，留在大醫院或醫學中心，將來可能成為大教授或主任。也許你會開業，或者已經開業，只要有心向上，腳踏實地，一樣可以拿到博士學位。

卷六——內視鏡深造之旅

早期食道癌台灣三個首例，都在「輝雄診所」完整正確診斷，
第一例轉診東京，後兩例當場切除。
難度最高的 ESD 台灣首例手術也在診所完成，
二〇〇二年台灣醫學會雜誌、
二〇〇五年台灣消化系醫學會都有記載……

．四十年如一日的堅持

日本劍聖宮本武藏波瀾壯闊的一生，許多人耳熟能詳，他天才橫溢，立志求道，足跡踏遍日本、挑戰高手的傳說，膾炙人口，我不敢自比劍聖，他是抱著挑戰的精神求道，我則秉持謙卑的態度，到處拜訪名師，懇求賜教，讓自己能夠精益求精，更上層樓，從這個意義上，和他一心求道的心情，同樣的殷切。

回想我的人生，一九七八年取得日本醫師會長獎學金赴日，一九八六年進入京都府立醫科大學公眾衛生系當研究生，一九九四年獲得博士學位，直到二〇一九年新冠病毒流行，四十年間，一個內科開業醫師每天奔波於診間與內視鏡室，戰戰兢兢，為就診病人、為健診客人盡力，解除他們的病痛，指導他們如何維持、增進健康和預防疾病。

宮本武藏一心求道的精神，一直是我嚮往的境界。

數十年如一日，除了上班應診，每日都是看書、查資料。我對新事物很留意，樂於創新、喜歡新觀念，但凡日本消化系內視鏡、人間ドック健診（注一）、抗老醫學會年會或相關研究會，必定參加，不只學習新知識、新技術，也仔細聆聽相關學者的演講，如果內容值得深入學習，聽完演講，就虛心上前自我介紹，希望有機會拜訪學習，一經首肯，馬上安排行程，利用春節十天連休，從北海道、本州、九州到四國、甚至沖繩，再遠再難，務必如期報到。每年春節在嘈雜的機場，看到出國度假的同胞，推著各式各樣行李，臉上掛著愉悅的笑容，就覺得自己像古代的修行者，既孤單又沈重，有千山獨行的自豪，也有愧對家人的歉疚，這不是一兩年的事，是四十年如一日的堅持，何其幸運，一路走來，都能遇到相關領域的大師。

謙卑的奔波尋訪，果然有收穫，每位老師都樂意教導，而且只要認定對象，我就一去再去，反覆請教學習。如此認識與深交的大師，四十年來竟有二十多位。除了一位收費外，其他老師都免費指導，傾囊相授。

二〇〇三年，參訪富士山下世界PET（注二）檢查頗負盛名的山中湖Clinic，當時的健診部長日野原茂雄教授，是日本人間ドック的副理事長，自他任職「聖路加國際病院」健診部長以來，常蒙其照顧指導，交情深厚。我們在山中湖Clinic餐廳晚餐，相談甚歡，忍不住問他一個困惑已久的問題：為什麼日本教授都喜歡我、願意指導我？日野原教授回答：因為你態度認真，求知慾很強，所以大家樂意幫助你、成全你！

他的讚美是溫暖的鼓勵，我非常感激，也體會了皇天不負苦心人的道理，在隨後的卷文裡，將和朋友們分享，數十年來，接觸、拜訪、並向他們學習過的大師，蒙他們慷慨和無私的指導，讓我親炙世界一流的知識、見解、技術，並回饋給台灣社會，「輝雄診所」因而得以完成台灣首例「早期食道癌內視鏡手術」、台灣首例「ESD（注三）內視鏡手術」、診所成為日本人在海外第一個認證的

人間ドック健診中心，受到日本醫界的肯定，從而獲得謁見天皇的殊榮。

回首來路，心中滿懷感激，多謝各位恩師的教導，以下分兩個部分敘述這些經歷，一是健診與抗老醫學的求學經過，二是內視鏡的深造過程。本卷先談內視鏡部分，我有幸獲得無痛大腸鏡專家、大腸癌先驅研究者工藤進英教授，首屈一指的早期食道癌專家——門馬久美子；以及被尊為ESD日本第一人的小山恒男部長的教導，以下是受教和引進台灣的經過。

注一：人間ドック健診是日本特有的健診觀念，日本人把人體比喻成海上航行的船艦，船艦必須定期回到船塢保養檢查，提供全身總合健診的地方，稱為人間船塢，ドック是英文 dock。

注二：正子斷層造影（PET）就是正電子發射斷層掃描，簡稱正電子斷層造影。正電子成像術，是一種核醫學臨床檢查的成像技術。PET 技術是目前唯一用解剖形態方式進行功能、代謝和受體顯像的技術，具有無創傷的特點，並能提供全身三維和功能運作的圖像。PET 是醫學，也是研究工具，大量應用於腫瘤臨床醫學影像和癌擴散研究上。

注三：ESD 即內視鏡黏膜下層剝離術，是內視鏡手術的最高境界。

• 工藤 進英：IIc早期大腸癌的發現者

昭和大學教授、無痛大腸鏡專家

一九九五年，我從日本「赤十字社熊本健康管理中心」學到完整的人間ドック理念，也就是「日式全身總合健診」，並且引進台灣，希望達到：早期發現、早期治病，維持健康、預防疾病的理想。

我引進的全套人間ドック健診包括最完整的檢查，檢查後的管理追蹤、健康與生活指導，廣受受診者肯定與推崇。唯獨在「大腸鏡檢查」階段，大家「談鏡色變」，害怕操作過程中的疼痛，導致受診者聞之卻步。但隨著飲食和生活習慣西化，大腸癌發生率逐年上昇，全身健診如果省略全大腸內視鏡檢查，就缺了重要的一環，而且是很重要的一環，我一直思考如何克服這個困難。

多方打聽，得知日本秋田有位工藤進英博士，被公認是大腸鏡無痛專家。進一步探尋，終於在一九九七年四月，於名古屋的日本內視鏡醫學會總會見到工藤博士。自我介紹後，約定同年十一月赴「赤十字社秋田病院消化器病センター（中心）」，學習「無痛大腸內視鏡」。

久聞「無痛」是工藤操作大腸鏡最大的特色，臨行前，已將其著作「大腸內視鏡插入法ビギナーからベテランまで（初學者到熟練者）」重複看了十遍並做重點摘要，帶著滿腔期待，一大早由台北飛東京再轉機秋田，抵達飯店已經夜幕低垂。

來到「赤十字社秋田病院消化器病センター」，進入內視鏡室，嚇了一大跳。每天有六十位以上病人接受無痛全大腸內視鏡檢查，檢查床就有六個，醫師有好幾位，大家忙進忙出，讓我大開眼界，怎麼會有這麼多病人，規模這麼大的大腸鏡檢查室？這個 Center 遠近馳名，吸引了各地的病人和前來受訓的醫師。

要怎麼操作大腸鏡，病人才不會痛？靠的不是麻醉，是技術。大腸鏡進入肛門，主要靠吸氣，只允許微微送氣，以退為進，讓大腸鏡經過乙狀下行結腸交接點、脾彎曲部，再到肝彎曲部，往下到上行結腸到盲腸部。工藤部長開發的超高速大腸插入法（直軸保持縮短插入法），能快速將大腸鏡送抵盲腸部，並利用染色，放大觀察來分辨瘜肉屬性及是否有癌化可能，在病人事前簽訂同意書下，如有需要可直接進行內視鏡切除。

我目不轉睛盯著工藤部長操作無痛大腸鏡：一邊看螢幕畫面，了解大腸腔內的狀況，隨時可看到病灶並判斷其屬性，是否有癌變可能；一邊看部長的手控制

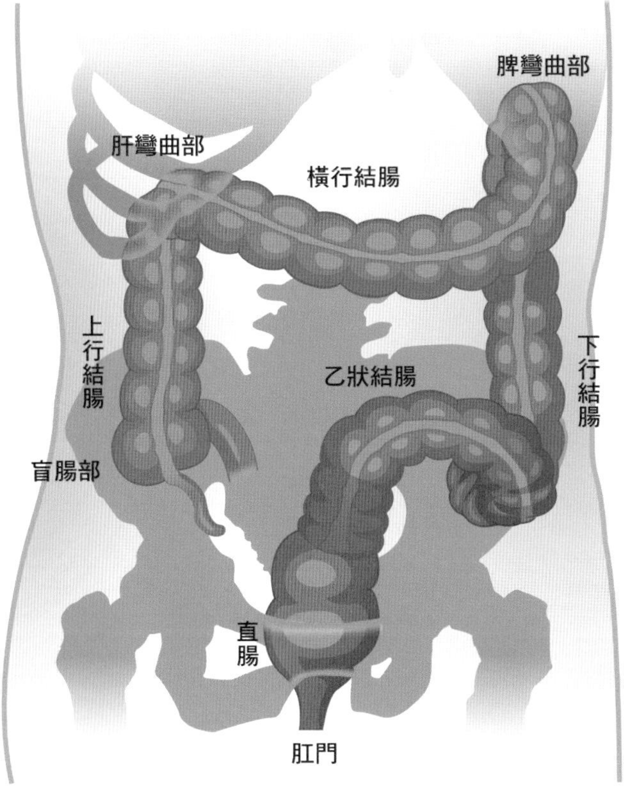

大腸構造圖（繪圖／利曉文）。

著大腸鏡前進後退、向左向右、吸氣、送水等動作，看得都快成「鬥雞眼」。

在秋田學習三天，加上來回搭機共五天，時間有限，我不敢離開工作崗位太久，只好等春節長假再來，有更多時間多看多學。之後每年，都專程赴秋田參加工藤部長主持的「IIc早期大腸癌研究會」，這是全日本大腸癌內視鏡專家齊聚一堂的盛會，各路英雄都來朝聖，但我也只能待兩三天，還是得等待春節連休，連續幾年都是如此。

因為母親有大腸癌病史，每年我都請工藤部長親自為我做大腸鏡。每次我們會一起晚餐到八點半，他提醒我不可再吃，明早得做大腸鏡。早上八點我按時在飯店房間開始進行清腸。我的大腸很爭氣，喝清腸藥水速度又快，大約一個半小時就可將大腸清理得很乾淨。工藤部長再忙，也會親自幫我檢查，每次檢查都過關，沒有發現需要切除的大腸瘜肉。

我和工藤很談得來，有天他們夫婦邀我共進晚餐，他突然問我：他要轉任東京某大學就任教授，我有何想法？

我說：工藤是世界的工藤，當然要到東京（世界舞台）發揮，貢獻人類，非去不可！他聽了很感動，一再交代我千萬不可洩漏消息。

二〇〇〇年，工藤出任昭和大學教授、昭和大學橫濱市北部病院消化器センター長（消化器中心主管）。在日本，由赤十字社病院（非醫學中心醫院）部長轉任大學教授，可說絕無僅有，正因他對大腸早期癌Ⅱc發現與研究有特殊貢獻，才有這份殊榮。

工藤教授就任橫濱北部病院副院長，我繼續利用春節連休到橫濱找他。有一次他告訴我：後天一早四點半，他會開車到下榻的飯店接我，由羽田機場一起搭機到山形縣相關醫院幫患者做大腸鏡檢查及診斷，我如同行可學到更多，那天總共看了十五位病人，工藤全程熱心指導，毫無保留。

每當我需要什麼染劑、資料或遇到無法解釋的病理切片，就帶到日本，他也一一幫我判讀解答，亦師亦友。二〇一五年，我擔任「台灣消化系醫學會」年會會長，邀請他前來演講；碰巧與他每年在橫濱（已由秋田改至橫濱）舉辦的Ⅱc早期大腸癌研究會撞期，他說：「為了劉院長，沒關係。」特地為我改期，但也因為改期，Ⅱc盛會參加人數銳減了三成。

工藤教授出身秋田縣，祖父、父親和他，三代都是醫師。他生長在醫生世家，

2007年工藤進英博士（前排左）應作者（前排右）之邀來台演講。

自小耳濡目染，家人也期待他成為醫生。學生時代，對於要死背的學科不感興趣，偏好探究未知的知識領域，對研究非常有企圖心。

大學畢業，他觀察到胃癌在日本漸漸減少，大腸癌卻開始增加，但大腸癌領域的醫師不夠，於是決定投入大腸癌領域。

一九七三年，他進入新潟大

學外科，被派往「秋田赤十字病院」，在那裡第一次接觸內視鏡，直覺告訴他內視鏡潛力大，但當時他是外科醫師，一九七〇年代，外科主業是開刀和術後照顧病人傷口，並不負責診斷。診斷要靠內視鏡，而內視鏡是內科的專業，外科投入內視鏡領域，在當時被認為是撈過界。

志趣所在，無論如何他都想盡力一試。因此，他特別珍惜時間，一整天從早到晚，不僅要做內視鏡、還要開刀和照顧病人，晚上才有時間寫論文做研究。

工藤進英對早期癌的研究非常有興趣，外科住院醫師時代，就一直專注於研究早期大腸癌，當時新潟大學的 case 少，只好頻頻拜訪其他醫院，新潟縣的病例全都研究過了，但早期大腸癌真的很少，在當時是很難發現的癌症。

一九八五年，他被派往「秋田赤十字社病院」，帶領秋田的年輕醫師做大腸瘜肉的檢查。大腸內視鏡檢查過程中，需要噴染劑顯影以加強辨識，那年秋天，某次做大腸鏡時，染劑恰巧噴到一個奇特、未曾見過的病灶，病灶稍微凹陷，微泛淡紅色，通常就算仔細觀察也會遺漏，但因碰巧被染劑噴到，終於讓這個早期癌病灶現形，這是他第一次發現Ⅱc早期大腸癌，工藤激動得雙腿顫抖。

當時，進行癌（晚期癌）發現的病例很多，Ⅱc早期癌被發現的卻很少，往往被忽視或者看漏，因此醫界稱為「幻之癌」。

這種「凹陷型早期大腸癌」，表面呈現塌陷狀，惡化速度很快，危險性極高。它不是由瘜肉演變而來，而是獨自由腸膜生成。這種癌，即使透過內視鏡，如不是對凹陷型病灶非常用心和經驗充足，很難察覺。

與「幻之癌」的相遇，決定了工藤往後的醫療生涯。三個月後，他又再度發現早期癌。因為這種癌容易被忽視、危險性又高，使他更努力進行大腸鏡研究，終於研發出「直軸保持短縮插入法」，能更正確、更安全、無痛的為病人檢查，更精確的發現早期大腸癌。

一九八六年，他前往巴西世界消化器病醫學會發表「Ⅱc早期大腸癌」，來自世界各地的消化器專家反應都十分冷淡，只因日本比歐美學界起步更早，而不受重視。

之後許多年，他堅持不懈，每年都到世界各地反覆發表，但仍舊被歐美學界嗤之以鼻，認為這是工藤進英才看得見的病，譏其為「秋田病」、「工藤病」或「黃種人的特殊疾病」。

直至一九九六年，歐洲消化器內視鏡學會在法國巴黎召開，工藤從法國南部尼斯連線巴黎，現場轉播，親手操作大腸鏡，在受檢的法國人大腸內找到ⅡC病灶，當時轟動全場，舉世震撼。前後耗費十年，他的研究終於獲得世界的肯定。

二〇〇二年，WHO正式採用工藤的「大腸黏膜腺口型態（pit pattern）」分類：對世界早期大腸癌診斷與治療，有無可取代的巨大貢獻。

・門馬 久美子：首屈一指的早期食道癌專家

東京都立駒込病院內視鏡室部長

一九九七年赴秋田向工藤進英部長學習：免麻醉無痛大腸內視鏡檢查，大腸黏膜腺口型態染色放大鏡觀察，用來早期辨別大腸瘜肉是否具有癌化危險，立即施行內視鏡切除手術。

返回台北，在輝雄診所、輝雄健診中心推出這項先進的技術，台灣各地都有人前來求診。

二〇〇〇年二月，又有機會在東京半藏門 Clinic，接受世界級大腸鏡大師「單人大腸內視鏡操作法」發明人：新谷弘實教授的指導。新谷在紐約開設大腸鏡診所，為美國人檢查大腸鏡，一次收費美金千餘元。每年都會抽空來東京應診，顧客多是日本政界、企業界、演藝界的巨頭，替他們作內視鏡檢查及瘜肉內視鏡切除，並指導前來學習的醫師。工藤教授未出道前，也在東京受教於他，學習「單人大腸內視鏡操作法」。

藉由大腸鏡的學習，知道可將此技術運用於食道，及早發現食道癌並進行內視鏡切除。食道癌內視鏡診斷與治療，在日本食道外科界的「三傑」為：

幕內 博康（東海大學外科教授）
吉田 操（東京都立駒込病院外科部長）
神津 照雄（千葉大學外科助教授）

每次參加消化系內視鏡學會有關食道早期癌的研討會，都能聽到他們精彩的報告，收穫良多，我決定向他們學習。基於交通考量，最後選定東京市區駒込病院的吉田操部長。

二〇〇〇年二月，前往東京都立的駒込病院。也許是命運的安排，照約定時間來到警衛室前的會客室，等候吉田部長時，發現公布欄上有一張布告，最後署名院長是「高橋俊雄」。

我向清潔人員打聽高橋院長是否來自京都？想確認他就是我博士論文審查教授之一、來自京都府立醫科大學的外科教授。

等吉田部長到來，解說了代我安排的學習內容和注意事項後，我說：「我認識高橋院長，他來過台灣。」吉田部長大吃一驚，馬上聯絡院長，帶我去會面。院長見到我，立刻親切問候：「劉君，好久不見！」他出身東北大學，是日本外科醫學會理事長，地位崇隆。與我交談甚久，後來吉田部長告辭時，甚至不敢背向院長，而是用倒退的方式離開，發自內心、真誠禮敬高橋院長，讓我見識到日本人對前輩的尊敬。隨後，高橋院長親自帶我到內視鏡室，介紹全體內視鏡醫師給我認識，中午請我用餐。

第一天到內視鏡室研習，門馬久美子部長（內視鏡部長，也是日本著名的早

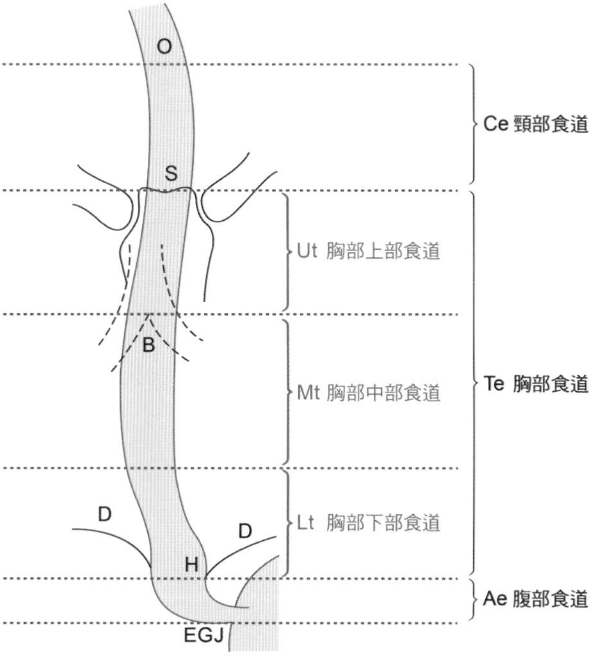

O 食道入口部　S 胸骨上緣　B 氣管分歧部下緣

D 橫隔膜　EGJ 食道胃接合部　H 食道裂孔

食道形狀示意圖（繪圖／利曉文）。

期食道癌專家）正在仔細檢查一位早期咽喉癌患者。一旁站立的耳鼻喉科醫師，緊張得全身冒汗，原因似乎是他漏看了早期咽喉癌，門馬部長替他收尾補漏，滴水不漏的態度，果真是名不虛傳的日本第一高手！專門診斷、治療早期食道癌，連食道範圍之外的咽喉，她都仔細觀察，使早期咽喉癌無從遁形。

接下來，每天站在門馬部長旁邊，看她如何操作食道、胃、到十二指腸球部的內視鏡檢查。門馬特別擅長食道早期癌的診斷：噴灑碘劑及其他染劑，放大觀察，接著做食道早期癌的內視鏡切除，即術後標本的固定方法，她都一一仔細指導，這是日本用內視鏡診斷和治療早期食道癌最好的醫院。

將學習成果帶回台灣，在自己診所內診斷出第一例早期食道癌（完整的碘劑染色加病理切片確認），患者碰巧是日本人（日商駐台人員）。其後要進行內視鏡早期食道癌黏膜切除術（EMR），我替他轉診回東京找門馬部長手術，術後將整個過程，由發現、確診、手術後病理報告等全部資料，發表於二〇〇二年台灣醫學會雜誌，其後連續有兩個早期食道癌病例也在「輝雄診所」發現，我親自替他們進行內視鏡黏膜切除術，將食道早期癌切除根治。

以上三例，是台灣破紀錄的「早期食道癌」內視鏡手術案例。

• 小山 恒男：日本第一的ESD專家

長野佐久總合病院 消化器病センター部長

將廣基性大腸瘜肉或大腸LST（側展型腫瘤，Lateral Spreading Tumor）施行內視鏡切除，稱為EMR（內視鏡黏膜切除術 Endoscopic Mucosal Resection），食鹽水注射入大腸黏膜下，讓整片病灶鼓起，再通電切除，此為內視鏡手術經常使用的技術，效果良好。

但對於較大的病變，尤其癌變（早期癌），不管是大腸、食道或胃早期癌：兩公分以上的病變，因病灶面積大，施行EMR時需做Piecemeal Resection（分割碎片切除）。對於癌變（內有癌細胞）的大面積病變，作分割碎片切除時，刀口接縫處可能會有癌細胞殘留，造成切除不完整、不乾淨，癌細胞容易復發、擴散。

於是新技術ESD（Endoscopic Submucosal Dissection，內視鏡黏膜下層剝離術）出現了：針對可能有癌細胞的病灶，切除前，離癌病灶需預留安全距離（3mm），用電刀標定切除範圍。黏膜下層局部注射食鹽水後，用電刀一刀刀，切到黏膜下層並作剝離。因切到血管的機會很大，過程中必須特別謹慎，一有出血立刻以電刀止血。當切斷較大血管造成大出血時，需利用止血鉗立即止血。施行ESD考驗膽量、技術、體力與耐心。

務必確認整片含有癌細胞的病灶，切至預留安全距離（3 mm）外的正常黏膜處，在最恰當的距離下，整片病灶剝離切除，如此不會有電刀切縫癌細胞殘留的後遺症。ESD可說是內視鏡手術的最高鏡界，非一般內視鏡醫師可以勝任。

在工藤教授、門馬部長指導下，回台灣做了很多例大腸、食道和胃的EMR（內視鏡黏膜切除術）。「輝雄診所」每天都有好幾例的操作，技術已經純熟。下一步要突破EMR，進入ESD（內視鏡黏膜下層剝離術）。雖然每年赴日參加內視鏡醫學會，聽了很多演講，但要踏入這個最頂尖的技術領域不太容易！

二〇〇〇年五月在京都參加第五十九屆日本內視鏡總會，專題討論「早期胃癌ESD」，來自北海道「勤醫協中央病院」的發表，讓我十分震撼！多大的早期胃癌他們都敢切除。

照我的老方法，會後上前自我介紹，約好拜訪和學習的時間，遠在北海道也要去，且不只去一次，實地見習「多大都敢切除」的神技。針對超大的胃早期癌（將近十公分），原來是利用兩支胃鏡，經口腔通過食道到胃內，進行所有操作：除了切除、剝離之外，還使用輔助方法，用線、用鉗子固定牽引切開、剝離直到黏膜下層，放眼全日本，還沒有人敢這麼操作。

「勤醫協」操作ESD，須在開刀房內進行全身麻醉，黏膜下層還要施打染劑。以一位開業醫師，這點讓我卻步，要在自己診所施行確實有困難。再者，注射用

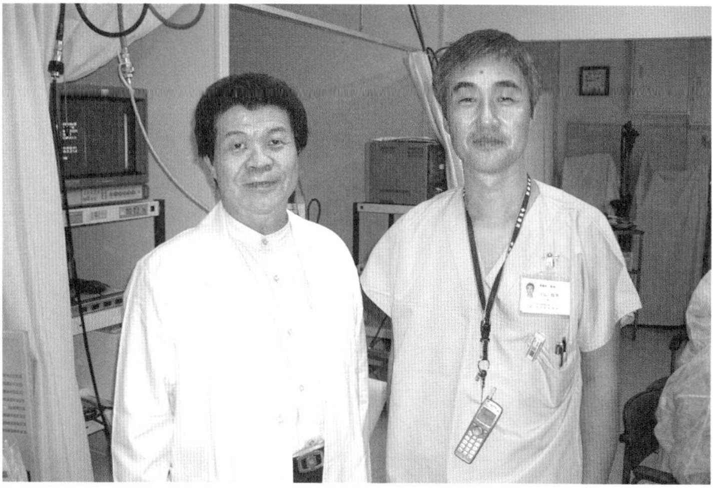

作者（左）與日本第一的ESD內視鏡專家小山恒男博士（右）。

的染劑，台灣不能進口，即使多次前往北海道研修，仍無法在自己診所內應用。

二〇〇二年四月二十日，前往アピオ甲府（日本山梨縣）參加第六十三屆日本消化器內視鏡醫學會ESD專題討論，來自長野佐久病院的小山恒男部長發表：「早期消化道癌內視鏡治療的竅門——早期食道癌ESD」，在食道進行早期癌的ESD。

他的方法是不必進開刀房，在內視鏡室即可完成手術，不必全身麻醉，不需黏膜下打染劑，只需在 ESD 操作技術上努力苦練，不能被大出血嚇倒。我決定好好下功夫，多跑幾趟長野佐久病院，大約可以做到。

親自到長野學藝時，發現小山部長不但親切，技術也是一流，我評定他的 ESD 操作全日本第一，不僅切得好，而且學術研究也很深入。學 ESD 難度高，春節長假不知去了長野多少次，每有機會到日本參加醫學學會，會後也一定到「長野佐久病院消化器病センター」報到。

前前後後去了二十三次，我想小山部長一定笑我這個台灣仔真笨，怎麼來了這麼多次還學不會。其實 ESD 最難是在剝離黏膜下層時的大出血，這裡血管粗，有時血管又密集，容易切斷，一切斷，在整片血海中要鎮靜、眼明手快，用止血鉗夾住正在大出血的血管，並且通電止血，也許要反覆通電幾次，還要留心夾太緊，血管容易破裂，不是一般醫師能夠做到。

回想當時克服的方式，就是把腦記憶裡的大出血情景留在佐久病院，因為短短幾個月就得回去複習，Refresh 一下！只有把腦中出血情景暫存他處，回到自己診所操作時，才不會膽怯，才不會對大出血措手不及，才能冷靜處理，因此一去再去，比過去內視鏡學習的次數更頻繁、更密集。

其次要進行動物實驗，ESD 是利用活豬麻醉，進行胃內黏膜下層切開、剝離，我哪能夠弄隻活豬來做，而且不知要做幾隻才會成功！

於是靈機一動，請護士從市場豬肉攤買回豬肚進行實習，一個豬肚可以練習

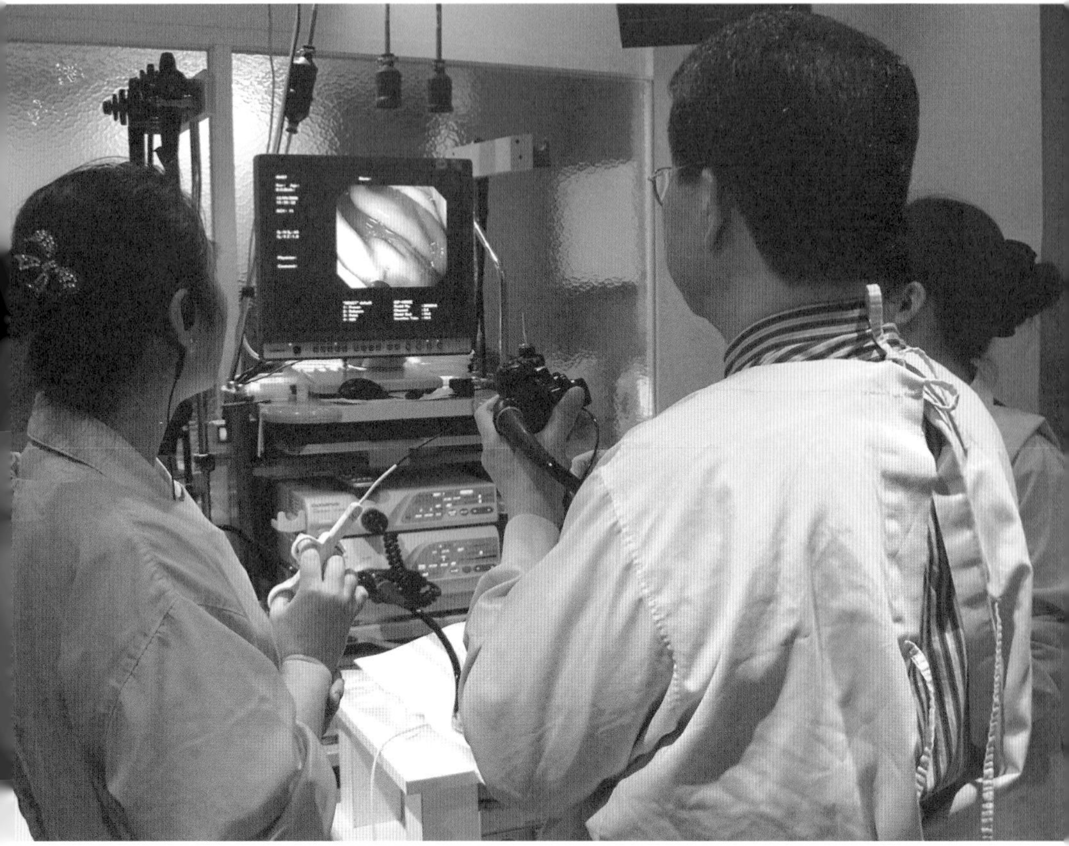

ESD（內視鏡黏膜下層剝離術）三人四腳的動物模擬實驗，中為作者，左為第一助手，右為第二助手。

五個切除、剝離手術，當然，豬肚不同於人體的胃黏膜，不同之處，自己要體會其硬度和其他條件，做多了自然有經驗。

一個豬肚練習ESD切五個洞，我大概練習切過一百五十個洞，用了三十個豬肚之後，自信可以正式上場為診所的病人進行ESD。碰巧有位同學的岳母同意接受此手術，由本人操刀，與兩位助手共三人通力合作（上小學時，運動會有「兩人三腳」比賽，考驗合作默契，我們是「三人四腳」，更困難也更需要默契！）三人花了整整兩個半小時，才完成三公分大小的早期胃癌ESD，切除標本最長徑五公分。

當大功告成，經胃鏡腔管伸入鋏子，將切除的早期胃癌標本牢牢抓住，與胃鏡一齊退出病人嘴巴的瞬間，我的第一助手忍不住大哭：「院長！我們成功了！」我們同心協力一起走過漫長艱辛的路，這是破台灣內視鏡史的一刻，台灣首例 ESD 成功了！

二〇〇五年三月，台灣消化系醫學會春季會，我在台南成功大學發表此例，全場轟動，鼓掌祝賀，這是台灣開業醫師的創舉！

ESD（內視鏡黏膜下層剝離術）優點：

一、大病變整片切除，病理組織的檢查容易而且正確。

二、理論上不必擔心癌殘留、局部再發。

三、病變局部注射後不必牽引、吸引，有潰瘍瘢痕亦可切除。

四、在胃小彎後壁的病變也可接近完成切除。

ESD（內視鏡黏膜下層剝離術）缺點：

一、手術時間長。

二、出血、穿孔（切破）。

三、技術須熟練、困難度高。

卷七——取經日本

邁入預防醫學

一九九四年起，蒙健康管理的開路先鋒：
小山和作所長、生活習慣病的發現者：日野原重明名譽理事長等前輩的指導，
引進日式全身健診，創立「輝雄健診」，
並於二〇〇八年一月，通過日本人間ドック學會的評鑑，
成為日本海外第一間被認證優良設施的診所，
作者也榮獲謁見日本天皇的殊榮……

前一卷談到赴日深造內視鏡技術及引進台灣的經過，接下來談如何邁入預防醫學，在機緣巧合下，接觸到人間ドック和發展最新抗老醫學的經過。

・小山和作：健康管理的開路先鋒

日本赤十字社熊本健康管理中心所長

我攻讀博士的京府醫大公共衛生系，有位青木晃助教授，川井教授指派他到大阪頗具規模的健康檢查中心（関西勞働保健協会千里LC健診センター）擔任理事長。久聞日本人間ドック的盛名，我認為機不可失，在徵得川井教授的同意下，前往該中心，想親眼目睹「日本全身健診」的樣貌，找出它馳名國際的原因。

在青木理事長親切的帶領和解說下，眼界大開，同樣是預防醫學領域，台灣也有「健康檢查」這個名詞，但其精神、內容和要領完全不同。我將所需資料做了摘要，也徵得同意，可將他們的檢查流程、項目、解說報告、表單等攜回台灣，譯成中文使用。

青木助教授提供我一個重要的訊息：一九九四年五月，國際健診醫學會將在新宿 Hotel Keio Plaza 舉行，這是日本也是國際健診醫學盛事，我知道自己非去不可。我如期到東京參加這個盛會，這是第一次參加專業性的健診醫學會學術大會，令我茅塞頓開。健康檢查、健診醫學屬於預防醫學，這方面與我以往所學的臨床醫學有很多差異。

我向來好奇心重，對新奇事物興趣濃厚，參加這個會議如獲至寶，完全被洗腦，吸收到很多預防醫學的新觀念。最重要的是「如何做好完善的全身健康檢查」的專題討論，聽到來自九州「日本赤十字社熊本健康管理センター」小山和作所長的演講，對他生動的闡釋、嚴謹的理論基礎，由衷佩服，天底下竟有這麼出色的預防醫學健診專家！

臨床醫學與預防醫學的差異，如左表：

基本分別	預防醫學（未病、無病者）	臨床醫學（來院求診者）
對象	基本上無症狀者	有自覺、他覺症狀者
問診	重視本人生活史	重視患病過程、病史
診斷目的	生活的診斷（未病診斷）	疾病的診斷（有病診斷）
檢查數據判讀	健康識別值	疾病識別值
方法論	根據生活背景（綜合分析）	專門細分科（心臟科、胃腸科……）
治療	受診者（生活者）主義（Self Care）	主治醫師主義（Medical-Care）
基本理念	生活方式支援	痛苦減輕、去除

作者夫婦與恩師小山和作伉儷（前排）。

聽完小山所長演講，立刻遞上名片，自我介紹是來自台灣的內科醫師，我向他報告，一九九四年十月，將會完成京府醫大博士論文，取得學位後，想前往熊本拜訪，不知老師是否方便？小山所長熱情誠懇，聽完我的陳述，笑容可掬一口答應，即刻排定訪問時程。

初訪熊本的第一晚，小山所長夫婦為我設宴洗塵，接下來到

Center開始健診的學習。一有時間，所長即親自為我授課，盡其所知，毫無保留，開放我到各單位觀察相關人員，是如何接待受診者，如何進行各項檢診，一關接一關，到幾個檢測房間做完各項檢測後，最後由醫師總結報告。參觀完畢，還提供各種健康教育的單張教材，任我索取、或拍照蒐集，攜回台灣，以供成立「輝雄健康管理中心」的參考。

初訪後連續三年，我照例於春節休診十天前往日本。前五日至熊本健康管理中心複習充電，後五日，安排其他的重要學習，蒐集資料，把原汁原味、最道地的人間ドック（日式全身健診）引進台灣，我學到的精髓，整理如下：

・健診的目的是人人健康，要把握兩個原則：

一、健診要有頭有尾，千萬不可只做半套。

健診內容包括：①問卷調查②醫師面談、診察③進入各項檢查（流程）④醫師當日總結，當面解說結果⑤事後（檢查後）管理：包括需要的處置、治療、轉診、轉檢、追蹤與諮詢⑥健康指導、生活指導：營養（飲食）、運動、休養（休息、養生）⑦定期回來再接受全身健診（複診）。

一般都認為進入各項流程，檢查完畢就大功告成，而忽略最重要的是當日的醫師總結說明，以及安排事後（檢查後）管理、生活指導，教您如何才能維持健康、促進健康，千萬不可只做半套。

只做①②③④就半途而廢，失去做健康檢查的意義與效果，無法達到預防疾病與增進、維持健康的健診真諦。

二、健診中心的醫護人員要有預防醫學的理念與素養，接受過預防醫學訓練，無論接待受診者，或進行各項檢測，都要有"Health for all, All for Health"的使命感，有理想、有自覺，每天開朗快樂工作，以心相待，用心感動，感動自己的同仁也感動受診者。

「日本赤十字社健康管理中心」的現場充滿「健康開朗快樂」的氣氛，服務人員無論表情、聲音、語調、應對、肢體動作，都秉持此一精神。第一次見面，發現小山所長本身就是榜樣，和他相處，如沐春風，無論是表情、言語、動作，都給人開朗快樂、真誠溫暖的感覺，我希望能將這種氣氛引進「輝雄診所 輝雄健診」，也讓人有健康愉悅的感覺。

隨後，逐漸了解小山所長浪漫的過往。他畢業於熊本大學醫學部，曾任該大學第二內科講師，專長是血液學。小山所長熱血澎湃，曾是學生領袖，積極參與多項學生運動、地區活動與農村活動，還成立農村醫學研究會，為農婦進行貧血調查，在各方面照顧農民。他以預防醫學為終身志業，不顧教授們「預防醫學養不活你！」的勸告，義無反顧辭去教職，全力推動「熊本健康管理協會」，專任協會醫師。熊本縣民殷切期盼「熊本需要健康」，小山醫師排除萬難，成立了日本唯一的「赤十字社健康管理中心」，規模大品質佳，受到各方肯定。

有幸結識小山所長，在他的指導下，不管健診、預防醫學、工作熱忱各方面都深受啟迪，他是我健康檢查領域的恩師。除了幾次春節連假的反覆學習，我還指派診所國際部竹花清子部長、護理部李秀芬部長及醫務管理部劉泰佐協理，陸續前往熊本實地學習，我也幾乎每年都參加日本人間ドック學會，聆聽小山所長的動人演講。沿襲「日本赤十字社熊本健康管理センター」的服務精神，一九九五年一月，創立「劉輝雄健康管理中心」，引進日式全身總合健診；二〇〇一年更名「輝雄診所 輝雄健診」。

•日野原 重明：生活習慣病的發現者

東京聖路加国際病院名譽理事長

一九九四年十月初訪熊本，之後每年到日本參加人間ドック學會及日本總合健診醫學會的年會，兩會都是健康檢查領域最權威、最專業的醫學會年會，經由恩師小山所長引介，認識了多位學會負責人、教授與學者。

一九九六年五月赴東京代代木青年會館，參加日本總合健診學會大會，也透過小山所長，認識了日野原重明先生，當時他擔任「東京聖路加国際病院名譽理事長」，日野原先生在日本醫界地位崇高、頗受尊重，既是生活習慣病的發現者，也是預防醫學領域：人間ドック理念的先驅。

一代大師就在眼前，我鼓起勇氣請示，是否允許我登門請益。第一次會面，他約我到位於東京都港區三田的 PL Clinic 見面，PL Clinic 是他在一九七三年創立的 Life Planning Center，旗下的一個診所，他每週在此應診一次。

第二天，日野原先生約我到築地附近的聖路加国際病院，帶領我參觀健診部和所有主要設備，當年大師八十六歲，不搭電梯，上下樓一步跨兩階，腳步穩健、速度又快，看他在辦公室接聽電話，聽筒拿得遠遠的，照樣聽得清楚，回話也中氣十足。

見習與參觀之外，我當面邀請他有機會來台為「台灣醫學會」做專題演講，他爽快應允，但說他很忙，要請祕書看一下 schedule，結論是三年後才有空，我當時有點擔心，三年後，他快九十歲了，還可以嗎？沒想到是杞人憂天，隨後，我總共邀約大師蒞台演講三次：

第一次：二〇〇〇年十一月十日台灣醫學會主辦

講題：Medicine, Life and Humanity

第二次：二〇〇六年十一月十二日

第二十八屆世界內科醫學會

在台北世貿國際會議中心舉行

會長：台大醫院李源德院長

講題：Medicine is an Art Based on Science

第三次：二〇〇八年四月二十七日

輝雄醫學論壇　劉輝雄院長邀請

在張榮發文教基金會大樓舉行

講題：活出光輝的人生（輝いて生きる）

第一次來台演講時，祕書特別交代，日野原先生已九十高齡，初次來台灣，希望我多加照顧與留意。演講結束，請他用餐，當時很多教授慕名而來，希望結識他，我請餐廳特別準備二十二個座位的最大圓桌，他坐主位，我是主人，坐他正對面，大家距離甚遠，但他可以跟在座每一位對話，耳聰目明，反應靈敏如年輕人。帶他去唱卡拉ＯＫ，歌曲只要聽過，就能記住旋律，琅琅上口，原來他還是音樂天才！他天性開朗，喜歡熱鬧，每次我去聖路加病院看他，都會歡聚暢談，直到最後一次，那年大師一〇三歲。

他來台灣由桃園機場入境，每次我都親自接送，因為往返車上，可以向他請益。他提醒我去「赤十字社熊本健康管理中心」向小山所長學習，我說自一九九五年十月，我就去了很多趟，學到很多東西，而且小山所長待我很好。大師說：「劉先生的腳很快！」（讚我速度快又識人識貨）還特別叮嚀：健診中心

2008年4月27日，日野原重明先生（右）以97高齡應作者（左）之邀來台，在第二屆「輝雄醫學論壇」發表演講，猶精神矍鑠，神采奕奕，這是大師最後一次在台演講，講題是活出光輝的人生。

的經營要T型學習，整套健診很重要，但最好有自己的特色，努力往下扎根、下足工夫，會更出色！事實上，在消化道內視鏡診斷與治療方面，我就有過努力學習的經驗，特別是食道、胃、大腸無痛內視鏡，早期癌的診斷、治療，還有抗老醫學、分子整合營養醫學。在車上，他拿出寫作專用的墊板，告訴我他習慣利用空檔寫作，受邀演講等待入場的片刻，也會將墊板放在腿上，隨時可以動筆。

他最有名的是吃得少（飲食舉例如後）、睡得少（每天睡四至五小時，直到九十六歲後才睡得長些），長壽到一〇五歲，安排行程都超前部署兩三年。

二〇一二年，他一〇一歲。第十九回「日本抗老醫學會」在橫濱国際平和会議場國立大廳舉行，他的講題是「抗老醫學發展的歷史與我理想中的抗老醫學」（抗加齢医学の発展の歴史と私の考えこいる加齢医学の内容），全程站立四十分鐘，口齒清晰，邏輯嚴謹，內容生動，聽眾掌聲如雷。

翌年，他一〇三歲。我最後一次去聖路加拜訪他，他還是精神奕奕，遠遠就認出我，親切招呼「劉先生！」真是一代宗師、一代奇人！

日野原先生以九十高齡的豐富閱歷，談人生、說哲理，以積極態度肯定生命價值，畢生致力於健康的實踐，出過兩百四十本書，「高明的活法（生きかた上手）」一書的銷量就超過一百二十萬冊。他到處演講，推廣自己的理念，行蹤遍及國內外，音樂和戲劇方面也頗有成就，能填詞、會作曲。二〇〇五年獲天皇頒發日本最高榮譽「文化勳章」（獲此勳章者被稱為「人間國寶」）。

對我而言，大師有兩項貢獻，最值得一提：

一、他是預防醫學領域人間ドック（日式全身總合健診）理念的先行者。

一九七〇年代初，首創「生活習慣病」的觀念，一九九六年日本厚生省將成人病（台灣稱中老年慢性疾病）改稱「生活習慣病」。生活習慣病的發病和進展，與飲食、運動、休養（休息、養生）、菸酒等生活習慣有關，是生活習慣不良累積造成的。一般常見的是高血壓、糖尿病、高血脂症、心臟病（動脈硬化引起心血管疾病）、腦中風、癌症、肥胖、認知衰退（失智症）及骨質疏鬆。

二、二〇〇〇年，他發起「新老人會」。針對日本面臨的超高齡社會，提出高齡者要能生活自理的觀念，以自己為例，塑造對社會有益的新老人形象：活到老、工作到老。新老人會員分為：Senior 會員—七十五歲以上；Junior 會員—六十歲以上；Support 會員—二十歲以上。

日野原先生人生的最後幾年，經常說「命」是時間，自己得到的時間就是生命。這麼重要的時間應該為誰使用？為何目的使用？指出「不忘記創新的人，隨時能保持年輕。」「隨著歲月的成長，一步步走向未知的世界，何其有趣，一點都不冒險。」新老人的三大口號是：

一、人間隨時有愛，有被愛（Love 愛）

二、持續擁有創意，思考有什麼新事物（Be Creative 創新）

三、忍耐，藉由忍耐來感受他人的痛苦（Endure 忍耐）

此生有幸結識日野原理事長，聆聽其教誨，自一九九五年以來，多次前往東京拜會請益，改變了我對人生的看法，重建對生命的信心。他是我的生命導師，後來我在台灣成立「財團法人台灣健康促進基金會」，目的是將日野原先生的精神與理念散布到台灣各角落。

・奈良 昌治：日本人間ドック學會會長

「足利赤十字病院」院長

一九九八年，「足利赤十字病院」的奈良昌治院長，接任日本人間ドック學會理事長，長達十八年擔此重任（一九九八至二〇一六年）。奈良教授年輕時赴美，受教於密西根威恩大學醫學院神經科主任Meyer，和台大神經內科李悌愷教授（曾任台灣中風醫學會理事長、老人醫學會理事長）同一研究室。他多次來台，都由我作陪拜訪李教授，他對台灣人特別有好感，愛屋及烏，也對我愛護有加。

因為我在日本健康檢查領域的進修，和多位老師的提攜，多次受邀在該學會年會中演講，參加專題討論。日本人間ドック學會年會，每年也一定參加，還帶上診所的重要幹部與會。

經過多年的努力，二〇〇八年一月，台北「輝雄健診」通過日本人間ドック機能評鑑委員會審核，成為為日本海外第一家被認定的機構，提供最完善的日式全身健診給日本商社職員及眷屬，並持續將日本人間ドック最尖端的技術引進台灣。

二〇〇八年三月，更由奈良昌治理事長提名，經理監事會通過，作者成為第三屆世界人間ドック學會會長，其後籌備三年，於二〇一一年在台灣舉辦學術大會，並獲得圓滿成功。

• 謁見日本明仁天皇

二〇〇九年八月中，突然接到日本人間ドック學會來電：九月三日晚將舉辦「日本人間ドック學會創立50周年紀念祝賀會」，邀請我出席，並且準備三分鐘與天皇談話的腹稿。祕書接獲通知，一時不敢置信，再次詢問確定是天皇，不是皇太子。

本來長男已訂好機票同行，內人聽聞此行要謁見天皇，也渴望與我同行。我很興奮，拜託事務所人員謁見天皇時，務必替我照相留影，但事務所說依規定不可以照相。

二〇〇九年九月三日晚，「日本人間ドック學會創立50周年紀念祝賀會」於東京赤坂見附王子大飯店 Prince Hotel 隆重舉行，照安排分成兩組，A組謁見天皇，B組謁見皇后。作者夫婦會後謁見日本明仁天皇。

作者夫婦謁見明仁天皇皇后後合影，黃色胸花是謁見者標記（日本人間ドック學會提供）。

到達現場才知，謁見天皇有三個規定：（1）不可照相。（2）不可遞名片。（3）不可握手。我是二〇一一年第三屆世界人間ドック學會會長，安排在Ａ組（謁見天皇），排序十號。

走到天皇面前，自我介紹：「名叫劉輝雄，來自台灣……」，說完，天皇不做聲，我以為自己日語發音不好，或者天皇沒有聽清楚。當時陪伴的理事長馬上補充：「報告天皇。」天皇說：「你們台灣南部水災太嚴重了！」我心裡震了一下，原來天皇關心時事，知道颱風莫拉克重創台灣，造成八八水災，高雄甲仙小林村被土石流淹沒（注）。我很感動，激動的回答：「謝謝天皇，感謝天皇的關心，台灣人民感激您！」天皇接著問：「你後面站著那位是誰？」我答：「是內人。」

沒想到，天皇伸出手與我及內人握手。當時驚動整個會場，太意外了！在場包括受邀觀禮的台大健康管理中心主任吳明賢教授（現任台大醫院院長）都親眼目睹這歷史性的一刻。當晚，天皇只跟我們夫妻握手，理事長調侃我回家不可洗手，要留著天皇的貴氣。事後細思，能夠謁見天皇，表示我多年來在預防醫學、總合健診的努力，獲得肯定，但天皇會破例與我夫婦握手，可能是對台灣災情的體恤，使我有一種既榮寵又悲情的感受。

注：二〇〇九年（民國九十八年）八月八日，中度颱風莫拉克襲台，兩天內降下約一整年的破紀錄雨量，重創南台灣和東台灣，高雄甲仙鄉小林村更慘遭土石流掩埋滅村，災情波及全台十一縣市，六百七十八人喪生，災損近新台幣兩千億元。

• 吉川敏一：日本抗老醫學先驅

京都府立醫科大學校長

「京都府立醫科大學」創立於明治四年（一八七一年），在日本只有東京大學醫學部比它歷史更久，它是由京都寺社及富商捐款成立的，成立以來主要客源都是京都有產階級。國立京都大學則是專門服務庶民的醫院，直至今日，京都民眾就醫還是沿襲此習慣。京府醫大不只歷史悠久，醫學研究、醫術及服務皆出類拔萃，不比國立大學遜色。

吉川敏一教授長我一歲，一九七二年進入京府醫大第三內科，擔任研修醫師及醫局員。當時，「天下第一局」由增田正典擔任教授，我的指導教授川井啟市是第三內科一員，包括我，也都出自這個系統（日本稱「同門」）。

吉川活潑又有活力，精明能幹，膽識過人，專業是：血脂過氧化、維生素E和自由基，曾任日本及世界自由基學會會長，是此一領域泰斗，他早年曾赴美國路易西安納州立大學研究，並兼任客座教授。返國後，從第三內科轉任第一內科助教授，後升任教授。研究上的關係，我的指導教授川井啟市曾介紹我認識他，彼此有數面之緣。

二〇〇三年二月，我參觀富士山山下以PET（正子斷層掃描）檢查聞名的山中湖Clinic，它的健診部長是日野原茂雄先生，當時擔任日本人間ドック學會副理事長，就以副理事長的身分被推派為日本抗老（Antiaging）醫學會監事。他告訴我有這個學會存在，而且和人間ドック學會是姐妹會，不妨參加，增加見聞。得到此消息，我決定六月去參加該會學術年會演講。

二〇〇三年六月，我第一次報名參加在東京舉行的日本抗老醫學會總會，當時才第四屆，可見日本抗老醫學的研究、學術活動及研討會尚在萌芽階段。

「抗老醫學」於一九九二年起源於美國，是二十世紀末誕生的新醫學領域，在美國十分風行。二〇〇四年起，日本開始積極追趕。

根據醫學理論，「抗老醫學」是藉由藥物、營養療法、荷爾蒙療法、生活改善等來介入生物學老化（Aging）的過程；盡可能延緩老化速度，提升生活品質，增進健康。

進入會場，迎面碰見了來自京都的吉川敏一教授，他個性外向活躍，很熱情與我招呼，我才知他是本屆副理事長，在總會會議上，學了很多抗老醫學新知識、新學問，最令我感興趣的是：將「點滴螯合療法」治療動脈硬化，應用於抗老醫學。

往後每年參加日本抗加齡醫學會年會，陸續認識的有：

一、滿尾 至（點滴螯合療法大師、抗老醫學會理事）

二、坪田 一男（慶應大學眼科教授，抗老醫學會理事）

三、米井 嘉一（同志社大學教授，抗老醫學會祕書長）

之後我也親訪上述三位的抗老中心，認真取經，光是滿尾診所就去了好多趟，將其療法引進台灣。

二〇〇四年，吉川敏一教授接任抗老醫學會理事長，他為人幽默風趣、交遊廣闊，關於基礎醫學的理論，研究廣度與深度兼具。藉由自由基、還原氧化的延

京府醫大教授吉川敏一（右）訪問輝雄診所，左為作者，吉川教授現為日本生命科學振興會理事長。

伸推理，廣泛應用於健康，營養學、健康食品都是他擅長的領域，擔任理事長實至名歸。

很榮幸和他師出同門（我是川井啟市弟子，同屬第三內科系統），他待我很熱誠，加上他的個性與嗜好，除飲酒之外，與我十分相似，兩人一見如故，其後也曾邀請他前來台灣醫學會、台灣消化系醫學會專題演講。

吉川教授在大阪也成立 Biomarker 生技公司。二〇〇七年，透過此公司，他建議我引進全套日本抗老技術與 Know How，還親自來台為我的記者會背書加持，讓日式抗老健診和抗老療法在台灣生根發展。

根據我在日本的觀察研究，發現「全身健診」和「抗老健診」有以下的不同：

全身健診：

• 屬於「已病醫學」。

• 主要目的為早期發現疾病，尤其生活習慣病（高血壓、糖尿病、高血脂症及骨質疏鬆等）。

抗老健診：

• 屬於「未病醫學」。

• 不只發現疾病，必須以營造「不生病的體質」為目標。

• 分析個人體質，在疾病萌芽前就予以排除，是預防醫學的最高境界。

另外，由「身體年齡」可以判斷一個人老化的程度。「身體年齡」由身體重要器官決定，分為五項：血管年齡、內分泌年齡、腦年齡、骨年齡及肌肉年齡。

• **五種重要器官機能均衡的老化是健康長壽的關鍵。**

• 任何其中一項機能特別老化，必須立刻矯正、改善。

• 保持全身均衡的延緩老化，才能活得更久更健康。

• **白澤 卓二：失智症與營養學權威**

東京御茶水健康長壽 Clinic 院長

二〇一三年四月，美國兒科醫師 Dr. Mary T Newport 發現阿茲海默症（失智症）會導致腦神經細胞退化，使葡萄糖無法順利進入腦細胞，引發認知機能障礙。Dr. Newport 讓自己的丈夫藉攝取椰子油，提升血中酮體濃度，進而改善了認知功能。

椰子油含中鏈脂肪酸，在腸內比其他飽和脂肪酸更迅速被吸收，並且在肝臟內轉換成酮體（Ketone Body），供給腦細胞能量，可以改善失智症。利用「椰子油」治療「失智症」的「生酮飲食」療法聲名大噪，轟動美、日、台。

參加日本抗老醫學會時，得知東京有位優秀的白澤卓二教授，是抗老醫學和營養學權威，尤其他開班授課的「Ketogenic Diet Advisor 養成講座」頗受歡迎，我於二〇一七年三月赴東京向他學習「生酮飲食」。

白澤教授研究及治療失智症達三十餘年，跟他互動的過程中，他對我認真踏實的態度與好學精神讚賞有加，鼓勵我繼續學習失智症治療，以便來日將所學貢獻台灣病友。

其後展開三年的深度學習，每月赴東京在白澤教授創立的長壽健康中心深入學習。所有解剖、生理、臨床檢查、MMSE、腦部 MRI（3D 攝影）、機能性腦波檢查、細胞再生治療等等，他都按部就班、毫無保留傾囊相授。二〇一九年，正式將這套療法引進「輝雄診所」。

此外，針對知失智症，還有一個革命性療法問世。

二〇一四年，美國加州大學的戴爾・布雷德森教授（Dale E Bredesen）發表ReCODE（Reversal of Cognitive Decline）—「逆轉認知機能衰退」療法：臨床經驗證實「九成的阿茲海默症病人，可經治療獲得恢復」。

二〇一七年，布雷德森出版了「The end of Alzheimer's（阿茲海默的真實與終結）」，這本書暢銷一時，也推動了ReCODE療法的誕生，其後在美國和日本被廣泛應用。我活用它的優點，融合自己所學的全身健診（全方位健康管理）、抗老醫學、分子整合營養醫學、失智症預防與治療要素，發展出一套周全和獨特的療法。

更難得的是因為有機會接觸腦部MRI（3D攝影）及機能性腦波檢查，透過這些精密的檢查，可以診斷出腦神經哪個部位受損（大多是GABA神經細胞），由此延伸出「腦細胞再生治療」方法，臨床上成效卓著，藉由這些更先進的研發、希望在「輝雄診所」幫助有認知衰退的國人，早期發現早期治療。

卷八——邂逅京都

在摩登的京都駅下車，參拜三十三間堂的千尊菩薩，
到龍安寺石庭前冥思，在下鴨神社的原始林漫步，
享受孕育兩千三百年的芬多精，在花見小路的盛宴，
聽見傳承一千三百多年的長歌，悽惻蒼涼的三弦聲中，
回到悠遠的唐朝……

1 三十三間堂

說到京都，大家都有綺麗的印象，垂柳款擺的河岸，造形古樸的拱橋，撐紙傘着和服、優雅漫步的藝伎，充滿禪意的庭園，沒去過的嚮往，造訪過的回味，京都的韻味，說不完也道不盡。

我不是職業旅遊家，向讀者展示京都景致，有點心虛，可由於個人的機緣，四十年間往訪數十次，忍不住想野人獻曝，和大家分享古都種種。在談到京都見聞前，容我插播一則家庭新聞，最近觀賞一部電影「京都小住」，片中有一個情節：劇中人煮飯，拿鍋子就著水龍頭接水，馬上被糾正，東京人才用這種水炊飯，京都人須舀泉水烹煮，自來水是用來洗澡的。這個橋段誇張點，卻凸顯了京都人的講究。這個萬般講究的地方，是我一九七八年赴日研修以來，求學的所在，也是我放鬆自己，精神充電，得以重新出發的地方，它有一股神奇的力量，好像一來到，塵囂就被滌盡，整個人清明起來，你會忘掉一切，融入周遭的自然。當然我初訪時，可沒這種體悟，這種感覺是日積月累形成的。乍到時，我只是三十歲的年輕醫師，對未來充滿想像，來到這座千年古都，就像劉佬佬進了大觀園，事事都覺得新鮮。

話說一九七八年五月八日，我帶著日本醫師會會長武見太郎的推薦函來到京都，依約拜訪京都府立醫大川井啟市教授，登門學藝，這是我在日本深造的起點。既來到求學的地方，又置身迷人的觀光勝地，內心的悸動難以形容，隨著造訪次數增加，漸漸從這裡學到一些生活的藝術。

優雅的三十三間堂外觀。

三十歲的菜鳥醫師來到京都，按照教授的安排，每天必須前往關西地區相關醫院學習EST（免剖腹開刀，摘除總膽管結石）。當時日語懂得不多，與人對話時，只能把自己會的全搬出來，只不知對方是否聽懂，至於對方講的，全部都有聽沒懂，每天活得戰戰兢兢。隻身在外只能自立自強，努力克服溝通障礙，一切都在懵懂中度過。

一九八六年三月，正式成為京府醫大公共衛生系研究生，辦完手續，突然想到，飛機上的雜誌報導：「三十三間堂」供奉的千手觀音，據說非常靈驗，身在異鄉舉目無親，如有菩薩庇護，應該可以保佑事事平安，早日學成回台。

前往「三十三間堂」參拜，內心充滿期待，除了祈求保佑，更多的是好奇。吉川英治的小說「宮本武藏」一書裡，三十三間堂曾是決鬥之地。這個地方自古就是劍術競技場，大堂屋簷從南到北長達一百二十一米的地方，歷朝歷代吸引無數劍客從各地前來比武。及至今日，每年也都舉辦盛大的成人射箭禮（比賽）。

進殿是一整排並列的「千手觀音立像」，左右各五百尊，居中為日本國寶第一千零一尊的千手千眼觀音坐像，高三．四米，由鎌倉時代佛師湛慶製作。

走到主尊座前，合十膜拜，想向觀世音菩薩祈求，突然想到：「糟糕，我的日語不行。」靈光一閃，曾聽說三十三間堂，每尊觀音像神情不同，據說可以在其中找到和自己容貌相似的。既如此，請菩薩指派一位懂台語的來聽我祈求又有何難？於是向觀音菩薩祈求：「請菩薩助我一臂之力，在京府醫大拿到博士，往後每到京都，必來參拜感謝！」

「三十三間堂」的千手觀世音真的很靈，第一次參拜之後，每次有空都來還願，果然八年後，順利通過口試取得博士學位，我也一直奉行承諾，每訪京都必來參拜。後來才知道它的來歷，原來正式名稱是「蓮華王院本堂」，西元一一六四年初建，其後毀於祝融，一二六六年重建，江戶以前的長度單位每一「間」代表一・八米，三十三間就是一・八米的三十三倍，亦即五十九・四米，由於長度適當，經常用作長距離六十米的射箭比賽，雖早已擴充到一百二十米，但仍沿用舊稱。此外法華經說：觀音菩薩會變化三十三種姿態，以解眾生之苦，所以當初採用三十三間的長度，堂內本尊和兩旁的菩薩共一千零一尊，各有三十三種變身。

過了五年，有親戚送了一尊木雕觀世音菩薩，為感念「三十三間堂」觀世音一路以來的保佑，我虔誠將此尊木雕觀音請到「三十三間堂」，在主座觀音見證下，請堂內主持為我帶來的觀音開光點眼。再把這尊觀音迎回台北「輝雄診所」，安奉在五樓，保佑全院員工及來院客人、患者平安順遂。每天早上，一定先上樓參拜，再下樓開始一天的工作。

在京都求學時間長，許多醫學會大會也都在「京都國際會館」舉行。每至京都參加學會，若有空檔，最喜歡參訪京都幾處世遺，春天賞櫻、秋天觀楓，不同

著名的一千零一尊千手觀音。

時間，感受不同，親訪過的有（有的去過好幾趟）：清水寺、金閣寺、銀閣寺、東寺、二条城、龍安寺、仁和寺、天龍寺、下鴨神社、平等院、醍醐寺、高山寺。京都（包括京都市、宇治市、大津市）共有十七處世界文化遺產，我走訪過十二處，剩下五處：西本願寺、上賀茂神社、西芳寺、延曆寺及宇治上神社，有機會一定專程參訪。

參訪過許多寺廟，邂逅了一些寶貴的文化遺產，我感受最深、一去再去的，計有四處：廣隆寺、龍安寺、天龍寺、下鴨神社。

2 廣隆寺 彌勒半跏思惟像

京都太秦地區的廣龍寺，有一尊飛鳥時代（西元五九二—七一〇年）著名的代表物：日本國寶第一號彌勒菩薩半跏思惟像。根據「日本書記」（西元六八一—七二〇年間完成，是日本最早流傳的正史）記載，「上秦」一詞來自歸化的漢人秦河勝。推古天皇十一年（西元六〇三年），聖德太子將自己尊奉的此尊佛像賜給來自中土的秦河勝，由他創建了廣隆寺。德國哲學家卡爾・雅斯帕（Karl Theodor Jaspers）對這尊佛像的評價是：「人類所能展現的最完美姿態」。

彌勒菩薩半跏思惟像，成於七世紀。由於風格特殊，有說來自朝鮮半島，有說日本本土創作，亦有說是從朝鮮半島運來靈木，在日本雕刻完成，各種說法至今未有定論。據說首爾的博物館也有類似的金銅彌勒菩薩半跏像。

廣隆寺彌勒菩薩半跏思惟像，不同以往所見的佛像高高站立，而是右腿自然下垂，左腿置於右腿膝蓋上，右手支頤，像是正在沉思，呈現純樸，平衡、沉默無法言喻的表情，年輕純真的眼睛像是注視眾生，給人心中大石亦可卸下的安全感。

充滿慈悲、智慧的表情彷彿對著我微笑。彌勒菩薩半跏思惟像木雕的手指，比人更優美。當佛像在很暗的背景中浮現，帶給我從未有過的悸動，深印腦中，每次前往瞻仰，都是留連忘返，感動莫名。

3 龍安寺 枯山水石庭

要兼顧日本的學業與台灣的診所，可說席不暇暖，每天都像打仗一樣。每往京都，幾處知名的古寺與枯山水庭園，成了暫時拋離現實，冥想放鬆的所在，尤其其中兩處，一有空檔便會前往。其一是位於京都市右京區的龍安寺。應仁二年（西元一四六八年），在戰爭中焚燬，一四八八年原址重建。明治初期的「廢佛毀釋」政策，使龍安寺式微，以致一八九五年（明治二十八年），方丈房（住持住處）的襖繪（日式紙拉門上的繪畫）總計九十面被轉售其他寺院，這些畫在二戰期間陸續流往國外。二〇一〇年起，部分被龍安寺買回。二〇一八年，九幅「芭蕉圖」也透過靜岡的捐客，回到龍安寺。

除了襖繪，龍山寺的枯山水庭園也備受稱道。

所謂枯山水，是日本寫意園林的一種形式，名為山水，其實無山亦無水，是以石頭象徵山，細砂象徵水，偶也加入苔蘚、草坪或其他元素，讓觀者自由想像其中意境，可以是峻偉高山，可以是懸崖絕壁，可能是細水長流，也能是波濤萬頃，端看心境體悟，有時見山是山，見水是水，亦或山非山，水非水，一念之間，千變萬化。

庭園寬二十五米、深十米，密密覆蓋白砂，砂上布置五群、共十五個石子，是平地配石的典型枯山水平庭。每個石頭都夾帶少許泥土和苔癬，簡約中帶有緊迫感。庭園製作年代已無可考，有說是室町（西元一三三六—一五七三年）後期的作品，據後來推測當時只是鋪有白砂的庭園，其後為了晉山式典禮才建成枯山

龍安寺枯山水庭園充滿禪意。

水庭園（晉山式是新任住持入寺繼承法務的儀式）。

枯山水是泛稱，實際上分六種：平庭式、準平庭式、枯池式、枯流式、築山式和特殊形式；龍安寺屬於平庭式，即在平坦的土地上建造庭園。龍安寺的平庭式庭園，設計時充分考慮了方丈房、禪定房和待客大廳遠眺出去的視覺，讓園景一覽無遺。由於是枯山水，不用一滴水，全靠細砂和奇數石頭造園，或利用草木的綠與石頭的白形成對比，並掃上砂紋圖案，象徵水面波紋。這種人造的大自然，只要下過雨或被小鳥駐足，砂紋便遭破壞，必須重新描繪布置。

枯山水的歷史可以追溯到十一世紀。直至十四世紀，武士興起了，對於粗魯又單純的武士階級，天台和真言宗所代表的哲學性佛教太過複雜，反之禪的思想中，有些特質和武士本質相近、符合武士道精神，譬如忠誠、智慧、紀律和不畏生死。於是武士們開始利用禪來管理民眾，甚至用來教育下層階級，使禪深入生活細節，如文學、美術、茶道、烹飪、園藝、建築各方面，枯山水庭園就是禪學思想盛行下的產物。園中鋪設細砂，代表清淨，原先用來舉行儀式，後來儀式移往室內，枯山水變成冥想和禪坐的空間。

用來鋪設的白砂稱為「白川砂」，過去主要來自京都白川的河床，是花崗岩自然風化形成的白砂。到了江戶時代，加工花崗岩的邊角料逐漸取代天然白砂。今天，花崗岩加工碾成的碎石已經完全代替舊產物，而白川砂石也早已禁採了。

鋪設白砂之後，還要用「砂熊手」在上面畫圖案。看似單調的白砂之上，可以掃出漣漪式、波浪式、漩渦式、回紋式等各種平行線條，造成無水卻似有水的效果。

掃砂紋的工作，一般每十天一次。砂上的配石呈現五．二．三．二．三排列，在陰陽學思想中，奇數為陽數，象徵吉祥。庭園中，放置十五個大小不同的石頭，據說不管坐在哪個位置，一定有一個石子看不見，整體庭園，運用空間技法，表現出「直視人心、見性成佛」的禪意。

其實真正有智慧的人，面對庭園時，應該忘掉它的設計，直視本心，不要被形式束縛，管它奇數偶數，管它細紋有無梳理，所謂「本來無一物，何處染塵埃。」山水也者，不就是人賦與的意義？你說有就有，說無亦可。庭園只是提供一個場所，讓人靜下心來，除掉妄念，回歸自我，回歸自然，如此而已。

4 天龍寺 庭園

另一處令我一再駐足的古寺：天龍寺，是臨濟宗大本山，在京都五山中排名第一，同樣名列世遺，很多電影，尤其京都電影，喜歡用它做為外景地。

天龍寺的故事得回溯至嵯峨天皇（西元七八六—八四二年）年代。嵯峨天皇崇佛，皇后橘嘉智建立了檀林寺，用以接待唐朝禪僧義空，是禪僧早期到日本時開建的寺廟。後來檀林寺被廢。鎌倉時期（西元一一八五—一三三三年），後嵯峨上皇在此建仙洞御所，其後龜山上皇也在此立別宮，名為龜山殿。

一直到一三三八年，後醍醐天皇駕崩前一年，輾轉病榻，征夷大將軍足立尊氏接受禪僧夢窓疎石建議，建寺為醍醐天皇消災。建寺的龐大費用來自與元朝貿易所得。後來夢窓成為天龍寺的開山祖師（西元一二七五—一三五一年）。

夢窓大師權傾一時，當朝和當權者無不皈依他的門下，他是日本唯一擁有七個國師稱號的禪僧，號稱「七朝帝師」。天龍寺之外，永保寺、瑞泉寺、惠林寺、西方寺等禪宗庭園，也都出自他的構思。

夢窓大師善於透過造園表現禪意，接管天龍寺後，在龜山殿和西芳寺土地上，舊址重建，注入新構思，導入中國畫，重新組合，藉由石群（石頭組合）展現心象世界。

天龍寺最有名的「雨山借景」景點，占地一千兩百坪，是夢窓國師晚年作品，

天龍寺山門古樸氣派。

屬於池泉迴游式庭園。庭園的命名來自禪的「曹源一滴水」。相傳六組慧能曾居住廣西曹溪，歸根究底，禪宗的派別全都來自曹溪的一滴水，於是有這個禪語留下，寓意勸戒世人「飲水思源，珍惜一草一木一滴水。」

值得一提的還有天龍寺庭園中央的滝石組和三段龍門瀑布，史載這裡的瀑布是利用竹筒從深山引水形成的人工瀑布，不知成於夢窓時期還是後代，但滝石組的設計，處處可見夢窓的影子，可見瀑布或成於夢窓時期。

三段瀑布，最上方是遠山石（觀音石），中段是鯉魚石，下方是水落石，瀑布左方還有坐禪石，是典型的築山式枯山水。千年來，日式庭園不斷蛻變，但其精神始終不變，造園之初，就在地面廣披白砂石，因為石頭代表禪修人的意志，也提醒人要向環境學習，也是我一直在學習的「生活無處不禪」。

5 下鴨神社 糺の森

二〇〇二年本人就讀政治大學商學院 EMBA 科管所，二〇〇三年某日於東京閒逛書店，無意間看到一本書「京都式管理：模塊化戰略」，作者是京都大學經濟學科大學院的末松千尋教授。一向對京都著迷的我，深深被書名吸引，加上對作者心儀已久，於是輾轉托人，聯絡上末松教授，前往京都時，特地前去拜會，還邀請他來政大商學院專題演講。

為回報我的邀請，末松教授請我和內人到他家作客，當天還帶我們參觀幾處景點，其中包括「下鴨神社糺の森」。進入神社前，先通過一片森林，主殿東側叢林有高聳參天的大樹，這片原始林讓我有心靈被洗滌的奇妙感覺，是一種從來沒有過的舒暢。從此以後，每到京都，都盡可能抽空前往神社參拜，並到叢林中享受身、心、靈的充電。

京都東、北、西三面環山，發源於北山的賀茂川流到下鴨神社附近，與高野川合流入鴨川，在此形成三角洲，其上長成大片叢林。下鴨神社是守護京都的古神社，周邊一片原始森林稱為「糺の森」。「糺の森」隸屬下鴨神社，京都居民千年以來都來此膜拜，是京都市內最清靜、供人修心養性的聖地。

「下鴨神社」占地三萬六千坪，約有東京巨蛋三倍大，通往神社的參拜道路，由南到北，貫穿了兩側茂密深邃的森林，展現出深遠的空間感。「糺の森」大約紀元前三世紀就已存在，兩千三百年多來，各種動植物在此繁衍生長，形成重要的生態環境，不但被列為國家史蹟，並登錄為世界文化遺產。樹齡兩百到六百年

下鴨神社風景優美。

的參天大樹，到處聳立，陽光照射下來，穿過林隙葉梢，點點滴滴映在路面，在泥地上像黃金一樣灑落，漫步其間，別有韻味，更別提周遭獨特的空氣，讓人身心無比舒暢，京都市區竟有如此療癒的場所，令人贊嘆。

「糺の森」共有四條河川流過：御手洗川、泉川、奈良の小川、瀨見の小川，河水清澈，夏夜每有螢火蟲飛舞其間。叢林中空氣無比清新，感覺像沒有任何雜質，沒有落塵或不良氣體汙染，陽光穿過樹梢，涼風輕拂，這裡空氣濕度較高，特別能刺激五感，讓眼耳鼻舌和皮膚，遍體舒泰，是一種看不見、但又感覺得到的獨特空氣。科學家曾對這裡獨特的空氣，進行分析，發現有些無法測出化學記號和數量的要素，這種特殊的空氣時時刻刻在「糺の森」的溪畔、小徑、林間，漂移、變化、流動，來到下鴨神社叢林，就如置身世外桃源，這是太古時期保留至今的一塊瑰寶原始林，萬萬不可錯過！

在叢林享受芬多精洗禮，令人愉悅（攝影／劉謨榮）。

6 包羅萬象的京都駅

占地面積：三八〇七六平方米（一一五一七坪）
總建築面積：二三七六八九平方米（七一九〇〇坪）
建築師：原広司（一九九七年完成）

從「俵屋」搭計程車十餘分鐘，就到京都駅，這是一個巨無霸、多功能的火車站，光是月台就有十八個。

說它是火車站，未免小看了，這是一個綜合建築體，包括酒店、百貨、購物中心、電影院、博物館、展覽廳、地區政府辦事處、停車場等，地下三層，地上

京都駅結構複雜。

十六層，百貨商店有十一層，每天有各種品牌的便當供應，口味多樣，趣味性十足。實際到訪，是什麼感覺，且聽我道來：

到京都，一般下榻站內的Granvia Hotel，因為交通方便，從這裡可搭電車，到處逛逛，鐵路有新幹線到東京、博多，電車可到大阪關西機場、奈良等地，可以說四通八達。

從中央入口往下走，最常光顧的是「三省堂」（現為大垣書店），我喜歡買企管、京都風情、歷史書籍。幾乎每到京都車站，第一站就是前往「三省堂」。當時，「三省堂」旁有一條商店街，每每會去買「福壽園」（注）的茶包，還有日本醬菜。

一樓入口處，在 Granvia Hotel 樓下的廣場，有專售簡餐和咖哩飯的咖啡屋，兩種都很美味。往左登上二樓，是日式料理がんこ，平價可口，裝潢別緻，是我經常用餐之處。

穿過南北通道（二樓）向南走，到八條口再向右轉，就到近鐵車站商店街的湯麵店「九條蔥加鴨肉片」，京都的九條蔥味道可媲美宜蘭三星蔥，充滿濃濃的家鄉味，只不過它使用柴魚高湯，底味有些不同。

與朋友見面談話，通常約在 Granvia Hotel 大廳旁邊的咖啡廳，那裡的簡餐和三明治也是朋友們一再稱道的。如要宴請日本教授或友人，Granvia Hotel 內亦有日本料理、西餐和鐵板燒包廂，用的都是本地當令食材。由於京都是盆地，地下水源充足，所生產的蔬菜、薯類、筍類，質佳味美，風味獨特。

逛上一整天，走累了，還可到十樓的「拉麵小路」，找一家順眼的攤子，來一碗拉麵，順便歇歇腳，那兒有許多攤可以選，價格也很實惠，是旅途中的莫大享受。

也可以到空中廣場和屋頂的空中花園逛逛，雖然在空中，感覺可和地面公園一樣，有樹木、花草，還有鳥兒相伴，大家坐在樹下吃便當，聽著鳥聲啁啾、逗牠們玩，陽光普照，微風輕拂，渾然忘了這裡是最高層的空中花園。

四通八達的京都月台。

走到「烏丸小路廣場」，它就在車站大樓東側四樓，從這裡往北望，京都塔就在眼前，無論日夜，景色皆美。你可能邂逅別人的婚禮，除了新郎、新娘外，有穿和服搖曳生姿的女賓、有著西服打著領結的男客，嘰嘰喳喳、窸窸窣窣的交談，不時傳來愉悅的笑聲，置身其間，亦能沾染異國姻盟的喜氣。

從烏丸小路廣場，可以看到大階梯的燈光show，白天夜晚，氣氛截然不同。大階梯上的大舞台，經常有演奏、表演或唱歌，可站在梯上駐足欣賞，旁邊也有扶梯可以搭乘。累了，餓了，除了到「伊勢丹」吃麵，或到 coffee shop 喝茶休息，也可以在站內的展覽館瀏覽片刻，體會各種文化的衝擊，再決定接下來去哪裡，這是逛上一整天也不會累的車站，說錯了，這裡不只是車站，是一個包羅萬象的城市公園。

最後要說的是，特別講究生活細節的京都居民，怎能容許如此現代化的建築，出現在處處古蹟、禪園、佛寺、神社、老鋪的氛圍裡，其間當然有過激烈的抗爭，不過只要想想一九〇六年（明治三十九年），這裡每天只有五千二百八十五人進出，如今已膨脹到四十萬人，對這個多功能建築可能會多一些寬容。

注：三省堂旁的商店街，前幾年改建成伊勢丹的甜點區，醬菜區遷至ポルタ東區，「福壽園」遷至一樓西側伴手禮區，它是歷史超過兩百年的老茶鋪。

7 藝伎風情

談起藝伎，有興趣的朋友會想到兩本書：一是中村喜春的自傳 Nakamura Kiharu（藝伎回憶錄），這位出身東京名醫家族的閨秀，十五歲不顧家人反對投入藝伎行業，直到二十七歲退休。另一本書是「祇園の教訓」，作者岩崎峰子細述十歲進入祇園甲部，接受訓練、十五歲出道當舞伎、二十一歲正式成為藝伎、二十九歲退休嫁人的故事。

個人對藝伎（注一）的了解，當然沒有這些書深入，不過因緣際會，曾在京都參加過兩次有藝伎作陪的盛宴，加上許多日本至交都是這方面的常客，讓我也長了一些見識，可以和大家分享：

藝伎和她們的才藝在日本屬於文化資產，普受尊重，也是政府保護的文化財。京都有五個藝伎活動區，稱為五花街：祇園甲部、宮川町、先斗町、上七軒和祇園東，其中最有名、規模最大的是祇園甲部，我造訪的就是這裡的花見小路。

從京都市區搭乘計程車，由河原町通轉入四條通往東，過了鴨川第三個紅綠燈下車，步行幾步就到花見小路。

巷道非常細緻，地面鋪滿石板，兩側佇立著古色古香、格調高雅的兩層高木造樓房，是稱為「茶屋」的純日式町家（注二），茶屋內有樓梯可上二樓，還有供舉辦宴席的聚會廳，花見小路兩旁都是茶屋，散發出一種古典浪漫的氣氛。

每當夕陽西沈、華燈初上，小路開始出現穿著豔麗和服、梳著古典髮髻、臉孔抹得雪白、華麗雍容的藝伎，邁著優雅的腳步，款款漫步石道上，她們一出現，讓人有瞬間回到古代的感覺，大部分人在剎那間，都會屏息睜眼，靜靜欣賞這些活色生香的藝術品從眼前慢慢走過。若逢花開花謝，無論是錦繡繽紛，或是落英滿地，都美得讓人窒息，倘若大雪紛飛、細雨迷濛，則別有淒美的情調，難怪觀光客喜歡穿上租來的和服，在街上款擺弄姿，如此風雅的行徑，除了京都花街，又能到那裡找呢？

對一般人而言，沒有進入茶屋宴席，是不可能與藝伎、舞伎交談，所謂舞伎是指年輕的藝伎見習生，年紀最小的只有十歲。

個人自一九七八年與京都結緣，雖造訪花見小路，走馬看花數次，甚至拍照留影，卻不知那叫「茶屋」，當然不得其門而入，其實也是進不去的。祇園徹底

櫻花下的祇園，美得令人屏息。

執行「謝絕一見客（陌生客）」，除非是會員或跟隨會員前往，陌生客謝絕接待。第一次接觸她們是二〇一〇年，在京都參加日本抗老醫學會總會的會後餐敘，京府醫大吉川敏一教授邀我作陪，與幾位教授一同前往花見小路的茶屋，登上二樓進入宴席桌上。

吃的是精緻日本料理，喝啤酒、日本酒、威士忌、也有葡萄酒，記得席上請來幾位藝伎與舞伎，陪客人聊天作樂、猜拳、擲骰子，大概看我來自台灣，特別親切招呼，要我猜她們的年紀。宴席中有日本舞蹈、長歌表演（注三），有位最年長的表演三味線，要我猜她的年齡，我猜九十歲，結果她是九十二歲。最年輕的舞伎，我猜她二十歲，被我猜中了！（但她偷偷告訴我是十八歲，在席間她要隱瞞真實年齡。）

宴席進行中，特別觀察她們如何接待客人，我注意到帶頭的藝伎特別機靈，要眼觀四面、耳聽八方，若非反應靈敏，是無法勝任的，何況她還要指導、照顧後進舞伎，讓席間氣氛活絡，賓主盡歡。

要了解藝伎的世界，得談一下她們的歷史背景。「茶屋」，顧名思義是喝茶或賣茶的地方，京都的八坂神社是眾多神社和寺廟中，知名度最高的，前來參拜的信徒很多，於是有人在附近開起茶屋，讓信徒有歇腳休息的地方，茶屋雇用女性為客人斟茶倒水，這些服務生就是「茶汲女」或「茶點女」。有些茶汲女會用歌曲、舞蹈來吸引客人，這就是藝伎的由來，起先由茶屋培養藝伎，後來分工細了，就由專人訓練藝伎，茶屋若有需要，再由她們提供藝伎，這些藝伎的生產者和提供者就是「置屋」，是藝伎的經紀公司。

所以，一場祇園的茶屋宴要圓滿成功，背後有兩位靈魂人物：

一、「茶屋媽媽」：茶屋提供雅緻空間與世故通透、人情練達的女老闆，這些女性經營者稱為「茶屋媽媽」，她必須大量蒐集藝伎、舞伎和料亭（餐廳）資訊，根據顧客喜好將各種「服務要素」組成具體的宴席，務求場面熱鬧溫馨、賓主盡歡。「茶屋媽媽」的任務是規劃和組合頂級「款待服務」，宛如企劃公司的製作人。

二、「置屋媽媽」：相當於藝伎的經紀人，專門培養和訓練藝伎，來提供給茶屋。這些茶屋現在當然不只賣茶，還提供宴席服務，所有藝伎、舞伎，從入門習藝到獨立工作之間數年，與置屋媽媽共處一個屋簷下，不論才藝或是花街的規矩，都倚賴媽媽耐心指導。

學習期間的生活費和習藝費用，甚至昂貴的和服費用，全部由置屋支付，和服的價格從五十萬日圓起跳，甚至上百萬，藝伎、舞伎等於旗下明星，置屋就是經紀公司。這些被稱為「媽媽」的女性，長年在花街行走，不但具有才藝技能，更兼具經營的能力，令人欽佩！

另外，「謝絕一見客」的制度，亦即絕對的會員制，拒絕未經介紹，就貿然上門的客人。因此花街的常客多是社經背景雄厚的人，「謝絕一見客」不僅是保護從業人員，避免她們受到騷擾，同時也保護顧客的隱私與安全。以顧客的立場來看，能成為茶屋會員，說明個人的社會地位、家世背景、文化涵養受到肯定。以京都為首，關西一帶的商業圈都認為出入茶屋，是社會地位的象徵，成為茶屋顧客的一員，是多方肯定的表徵。

此生有幸兩次造訪祇園花街，進入茶房登上宴席，與京都名流、教授，共聚共飲，欣賞藝伎、舞伎的表演，開了眼界，頭一次是應吉川敏一教授之邀，第二次是次子劉庠宏取得京府醫大醫學博士，設宴回請吉川教授伉儷。

雖然只有兩次經驗，但確實有些感想。年輕時，無法理解為何日本人重視藝伎，她們固然服裝華麗，但總覺得不太自然，後來逐漸理解，裡頭是有講究的。皮膚塗得雪白，是因為古人用燭光照明，光線不足，這樣化妝才顯出皮膚白皙。藝伎全身裹得緊緊的，但和服的後領，開得比一般婦女低，因為這是性感的象徵。藝伎也者，就是將古代的美人還原到現代，在現實的宴會中，為你吟唱古老的長歌、撥弄傳承悠久的三弦，試問你把唐朝歌女喚到眼前，輕吟淺唱「清平調」，當「雲想衣裳花想容……」從櫻桃小嘴緩緩吐出時，那是何等樂事，何等風雅。

藝伎舉手投足都見證歷史風華。

注一：藝伎是日本特有的女性表演藝術工作者，而非性工作者。工作內容除為客人服侍餐飲，主要是在筵席上以舞蹈、歌唱、演奏等方式，為客人助興。

注二：町家是一種住辦一體型的住宅樣式，京町家（京都的町家）多為兩層，有時也有三層，臨街的一面是店鋪或作坊，裡邊是住宅，或是一樓為職業用途，二樓為住宅。

注三：日本古詩叫「和歌」，源於奈良時代（西元七一〇年至七九四年），其形式有長歌、短歌、旋頭歌、片歌、連歌等多種形式，所謂長歌是指詞句較長的詩，通常為五個字七個字搭配，結尾則一律七個字。

2012.12

卷九——京都式企業

百年老鋪在京都不算老，這裡有一七〇四年創立的旅館，
有一六一五年成立的布商，有賣了一千多年的烤麻糬，
有高技術、高市占、高利潤，獨特風格的京都式企業，像村田、京瓷……

1 老鋪精神

每天上班應診之餘，我對經營管理頗感興趣，希望能對診所業務有所助益，曾參加中國生產力中心的管理顧問師培訓班，受訓一年半，取得顧問師資格。

二〇〇二年考入國立政治大學 EMBA 科管所，讀了快三年。每到京都逛書店，只要看到有關京都老鋪與京都式企業的書籍，就見獵心喜，大量採購回家，仔細閱讀。京都建都有一千兩百多年歷史，先人傳承的智慧，在各式老鋪和京都式企業都留下印記，非常值得學習。

以個人粗略的觀察，京都有三種商家型態，值得一提。第一是純粹傳統的老鋪；第二是在傳統的基礎上創新，融入現代特色，闖出一片天的老鋪企業，外殼是傳統，內裡是現代；第三種是京都式企業，以技術掛帥、高市占、高利潤，在世界市場舉足輕重的企業。

先談老鋪，京都是全世界老鋪最集中的都市，一九六八年京都府制定了「表揚百年老鋪制度」，至今共有一千兩百九十八家企業獲此殊榮，歷史最悠久的，無疑是西元一〇〇〇年創立、至今已有一〇二二年歷史的「一文字屋和輔」（本地人稱「一和」），它是日本和菓子的開山祖師，據說與今宮神社同時誕生，室町時代應仁之亂，京都大半毀於祝融，當時「一和」生產的年糕，曾無償供應民眾充飢。

「一和」專售一款食品：炭燒白味噌年糕（あぶり餅），年糕就是麻糬，一

種一冂大小的麻糬，串在竹籤上，現場烤製，它的由來是民眾認為糯米是神明的恩賜之物，把它當成今宮神社的貢品，祭祀後發給民眾，但發下來時，已經變硬，於是民眾帶回家烤軟，蘸著白味噌吃，據說能避邪祛病，保佑無災無難。

「一和」堅持用百分之百糯米製作，篩米、搗米完全自己來，不從外部調貨，連串麻糬的竹籤也自己削切，直到四十年前，竹籤供不應求，只好向外採購，但是獻給神明的貢品，還是堅持自製竹籤，以示誠意。

大家會好奇單一食物，竟能傳承千餘年，只考慮生意經（Business）的店無法持續這麼久，「一和」的祕訣在於經營者一再強調、並且代代傳承的「服務」精神，如此才能靠只賣あぶり餅傳承千年，成為老鋪招牌。仔細思量，它賣的不只是麻糬，而是一種「溫馨」的感覺，搭配一杯京都抹茶，讓人好像回到古代，品嚐到相當於中國宋朝的民間美食。

除了「一和」以外，京都還有一些老鋪，也很有特色，譬如：

＊瓢亭（約一六二〇年，天寶年間創辦）

提供懷石料理的傳統老店，至今已有四百多年歷史。「瓢亭朝食」也是全世界唯一的米其林三星早餐。除了早餐，知名的還有雞蛋料理、米粥、便當等。

＊緑壽庵清水（一八四七年創立）

日本僅存唯一專門製作金平糖的老鋪。一款金平糖大約需要十八天才能做出來，沒有專注和真誠，無法傳承至今。「金平糖」在台灣有人稱為「星星糖」，名稱來自葡萄牙文confeito，相傳十六世紀傳入日本，織田信長品嚐後讚賞有加，成為御用高級糖果。

***鍵善良房**（**一七三六年，江戶時代享保年間創立**）

京都著名的點心鋪，最有名的是蘸著黑蜜吃的「切屑」，浸在冰水中，口感滑順、涼爽、彈性十足，適合夏天消暑。

***通圓**（**一一六〇年創立**）

日本最古老的茶鋪，據說足利義正、豐臣秀吉、德川家康等人都曾是座上客，店面只能容納二十人左右，可以坐在靠近宇治川的一面，欣賞對岸風景。

從京都老鋪的傳承，看到他們生存的要訣，除了商品、服務、技術之外，經營者一再強調勿忘初心，像「一和」堅持所有的東西都要自製。他們也重視領導

日本人愛吃的烤年糕，名店靠此傳承超過千年。

者的「人間教育」（人間即人格）。上一代的經營者會努力栽培、提攜、扶持接班人，教育他們、訓練他們具備「正直」「勤勉」「儉約」的特質。希望接班人「正直」，筆直往上成長，一旦往橫發展即遭淘汰，就如北山杉的生長一樣。北山杉是「京都府樹」，天生挺直又美，沒有任何彎曲，由樹根到樹頂，都維持差不多的直徑，是樑柱的最佳素材，老一輩期望下一代具備這種特質，企業才能長久傳承。

2 京都老鋪企業

上面提到幾家著名的老鋪，都是傳承數百年乃至千年的事業，在經營者的堅持下，歷經滄桑仍然屹立，然而時代的考驗是殘酷的，單靠傳統有時無法抵擋歷史的風浪，必須注入新元素，方能與時代接軌，繼續前行成為常青企業。

這些老鋪的創業者，普遍具備的條件是：堅忍不拔、不屈不撓、有獨特經營理念、利他精神、堅持顧客優先、樂於提拔員工，對公共事務熱心，贏得社會認同，是器量大和實力強的人。

以下簡單介紹三家這類老鋪企業：

一、伊勢藤

一八五五年，伊勢藤七在京都市三条通西洞院西入（往西的方向），開設了專售各種和洋紙類的「伊勢屋商店」，當時稱為伊勢屋藤七，簡稱イセトー，後來成為它的公司名。

イセトー的歷史跨越了江戶末期、明治、大正、昭和與平成。創業之初，生產的是文庫紙（數張紙黏成一定厚度，供包裝用），由小賣、中盤到上游一條龍包辦。一九二三年，改推牛皮紙；一九五三年，開始機器化量產。一九七九年，電子計算機時代來臨，イセトー搖身變成日本起步最早、規模最大的計算機用紙製造商，前後歷經百餘年，從紙的批發商晉級為造紙廠，再升級到製造特殊紙。今天，它的主要事業是Business、Process、Outsourcing（商業、流程、外包），亦即產業一條龍。

什麼是 Business、Process、Outsourcing ？它的服務包括大量郵寄 DM 時，附上收件人姓名和通信內容，不同郵寄物的製造、完成，顧客資料的編輯，帳單印刷、各類文件加工到發送。紙類提供和印刷本來就是イセトー的強項，為了提高經營效率，進一步蛻變成可以為客戶量身製造的資訊公司。

イセトー是日本屈指可數的大企業，一九七六年為了紀念創業一百二十年，發表創業以來的心路歷程，這段話可以說明它何以能屹立百年：創辦人選擇造紙生意，造紙利薄，但如果偷工減料，很快會被市場淘汰，只能抱著臨淵履冰的心情，惜物愛物，才能勉強存活。創業之初，就不是為了賺大錢，而是要磨練自己成為認真的人。創辦人的堅持是：不賺輕佻、輕浮的錢，只有持續勤奮，所賺的錢才能存下來，成為有用之財。

二、京都永樂屋

永樂屋的各種織品，是市面風行的人氣小物。

它創建於一六一五年，是日本最古老的布商，走過四百多年歲月。創業前，已經是織田信長的御用布商。因為織田信長的賞識，被授與「永樂屋」，賜姓「細辻」，於是第一代創始人在京都祇園開店，門上繪「永樂通寶」（織田信長軍旗圖騰），紅通通的門簾旁，亦有織田信長畫像。「永樂屋」成為棉布批發的實體商店後，曾有過漫長的輝煌歲月。

明治以後，日本西化，洋服大量取代和服，永樂屋被迫轉型，改售毛巾和日用織品，可惜仍不敵時代洪流，只能勉強存活。一九九五年阪神大地震，它徹底被摧毀，百年心血付之一炬。這時，傳承到了第十四代當家、年輕時髦的細辻伊兵衛手上。細辻伊兵衛是永樂屋的入贅女婿，工程師出身，也在服裝業打滾過，最後來到永樂屋，接下跌落谷底的老鋪。

細辻伊兵衛的大膽改革，讓永樂屋從布料批發商，改頭換面成為綿布小物開發商，起手式是推出手拭巾、錢包、提袋、眼鏡布等雜貨，以品項多、價格低打響名號。二〇〇二年，第一家零售店「永樂屋 細辻伊兵衛商店」在京都三条通開幕，至今已發展成五家分店。

永樂屋小物的最大特色，是圖案充滿濃濃的京都味。譬如織品大量運用的「舞伎」圖騰，除了舞伎穿梭町家、寺廟的場景，她們身上的和服也會隨季節改變圖案。古風舞伎之外，還推出舞伎騎腳踏車、舞伎打高爾夫等各類看似突兀的圖案，這正是十四代當家的用心所在：即使古老物品，也要與時並進。它發展出幾個品牌：RAAK、伊兵衛 ENVERAAK、伊兵衛 Ihee，每個品牌都有不同的個性與圖案，兼顧古風與時髦，想要什麼風格就到不同的店鋪挑選，客層寬廣而且精準。

永樂屋所以能敗部復活，是因為掌握住時代的脈動，透過網路行銷，無論在世界任何地方，都能以實惠的價格，買到古典浪漫的京都風情，身上攜一件永樂屋古典圖案的便當袋、購物包、零錢包、手拭巾，自我感覺良好，吸引路人眼光，物超所值，在台灣擁有不少粉絲，原因在此。

舞伎賽跑手拭巾：結合傳統與現代的小物。

三、俵屋旅館

談到京都老鋪企業，就不能不探討一七〇四年創立的俵屋旅館，三百多年來屹立不搖的原因。這問題可以從經營角度切入，也可以從觀光客的立場觀察，作者曾在俵屋住過兩晚，也許以親身感受來說明，大家更能了解它成功的原因。

千年古都最出名的三家旅館，是被尊為御三家的俵屋（一七〇四年）、柊家（一八一三年）、炭屋（一九二〇年）。進出京都這麼多次，當然想找機會體驗一下，這些著名的旅館有何特別，尤其是歷史最久的俵屋，到底是何風貌，住進去是何感覺。

我在「俵屋」住過兩晚，這家只有十八個房間、被評定二星級的旅館，其實是旅人心目中的五星級。從京都火車站搭計程車大約十幾分鐘可到，供應早晚餐，收費以人頭計，每人住一晚，目前收費五萬七千日圓左右。它座落於日本最早的商店街：京都三条通，就在三条通附近的姉小路麩屋町上方，和許多知名旅館不同的是，最早它並非旅館，是現在的島根縣濱田市、從前叫石州的地方，一家叫「俵屋」的和服批發商。這家批發商在京都開了分店，掌櫃的叫「岡田和助」。江戶時期（亦即德川時代），和服是高級商品（現在也是），京織、京染在全國名氣響亮，京都的和服批發商都是些精明幹練的傢伙，其中以和助最為特別。他善於招呼客人，大家不但樂於向他進貨，也喜歡在「俵屋」投宿，時日久了，「俵屋」在京都分店的住宿生意取代了本業，成為專業旅館，起先是一些石州藩士來京進貨投宿，後來不相干的旅客也慕名而來，生意愈做愈大。

一七〇四年成立以來，「俵屋」歷經歷史洗禮，始終生意興隆。幕府遷都江戶之後，貴族們隨之搬到東京，但每逢返鄉，投宿旅館仍以「俵屋」為首選。到了維新時期，岩倉具規、水戶德川、伊藤博文、木戶孝允、大久保利通等人都在此留宿過，連遠在西半球的蘋果創辦人賈伯斯也下榻過這裡。

這個老店中的老店，到二〇二一年為止，已經有三百一十八年歷史，到底有何魅力，讓我非常好奇。我住了兩晚的感覺是舒適、優雅、細緻，我沒有足夠的專業知識，去評論它的格局、擺設、造景、家具等，究竟如何完善，但整體感覺非常自在與舒適，後來翻查資料才知，其實它處處都有講究，屋內任一陳設都出自頂級匠人之手，榻榻米來自「井居疊店」，竹簾來自「平田翠窓商店」，花藝來自「花政」，就連浴桶也是頂級松樹「高野槙」製成。這種木製浴桶，也可說是浴箱，因為是四方形，我特別喜歡，熱水是從古井汲取的，注入松木浴桶，覺得有股清香，這種可容整個人浸泡的浴缸，特別有古樸的感覺，此場景通常只有日本老電影才會出現。住宿「俵屋」時，整個身體泡在加熱的泉水裡，由於木頭比較保溫，感覺非常舒服。此外，所有房間望出去都是庭園，讓人忘了它其實位於狹窄的馬路旁。大門雖然厚實，但外觀平凡，沒有西式飯店那種浮誇的寬廣空間，卻有一種沉靜、柔和、低調的美感，難怪很多人都覺得它是浮世中一個安穩的所在。更有人說，在「俵屋」住上一個禮拜，勝於去寺廟打禪七，因為它融合了現代的舒適和古典的優雅。它不刻意營造什麼氣勢，卻讓漂泊的旅人有了舒適的休憩空間，供應的早晚餐處處透著心思，都是京都老鋪的名產，有「平野屋」的豆腐、「丸彌太」的魚鮮、「羽田酒造」的銘酒，全都細緻可口，食材是當令的，一切都以內斂含蓄的方式呈現，令人回味。

說到這裡，大家可能已經明白，為什麼它那麼迷人。簡單說，「俵屋」本身就是歷史，裡面的家具、陳設、食物，都是千年文化浸染過、各種時代淬煉過，仍能留存下來，是京都最好、最巧的匠人手工製造的東西，是一個處處講究的旅館。處處講究的結果，就散發出獨特的、自然的魅力，好像它本當如此，所有事物都恰如其分的、扮演本當如此的角色，也許這就是它的魅力所在。

1704年創立的俵屋，至今仍受旅人青睞（攝影／劉芳琪）。

3 京都式企業

所謂京都式企業，是指憑著卓越領先的技術，生產非消費者終端使用的產品，卻能取得高市占率、高利潤，在世界市場上舉足輕重的企業。

一般說來，日本企業的經營風格有兩種：

(1) **集團式經營，特別強調品牌的東京企業。**

一些高知名度大企業，譬如日立、東芝、富士通、新力等都是。共同特點是組織龐大，子公司眾多，但決策過程緩慢，考慮過多，容易妥協，經營閉鎖、缺乏活力。

（2）獨立經營，強調技術本位的京都式企業，它有下列特色：

1 知名度不高、但市占率和報酬率高，產品都是零組件、模組等半成品，而非直達消費者手中的終端商品。

2 專注於專一技術的研發。

3 創業者大半是技術系統出身，具獨特理念與個性。

4 自有資本高，重視現金流量，不喜歡向銀行借貸。

5 一開始商品在日本不被接受，進軍美國成功後，終獲日本市場認同。

以下介紹的兩家，創業者都是眼光獨特、技術背景出身，譬如村田製作所的村田昭，創業以來始終堅持「不惡性競爭，保持獨特性，永續生存。」的經營原則。直到創業五十年，出身紐約大學數理系的接班人村田泰隆，認為企業必須因應時代變化大膽改革，提出 Innovator in Electronics 理念，進軍電子業，在被動元件領域大放異彩，成為世界翹楚。

另一家是京瓷集團，創辦人是著名的稻盛和夫先生，他也是技術背景出身，獨創「阿米巴式管理」。京瓷成為世界級產業之前，在國內也不是頭角崢嶸的企業，直到成功打入美國市場，才回過頭被日本接納。

一、村田製作所

一九二五年創立的「村田製作所」，屹立百年，現在已經由創業之初、專門生產陶瓷絕緣器的小工廠「村田製陶所」，蛻變為在很多領域都領先全球的指標企業。

它的成就包括：開發機器人，利用自家技術和產品生產各種機器人，譬如「村田製作君」是二〇〇五年推出的第一代機器人，騎在腳踏車上的機器人，不會傾倒，還可以前後移動和停止，體積只有五十立方公分，五公斤重。後來陸續推出「村田聖子」、以及二〇一〇年經過改良的新型機器人，配有Wi-Fi，和省電的無線通信模組。

此外，村田還擁有下列全球第一的高市占產品：

＊積層陶瓷蓄電器（積層セラミックコンデンサ）全球市占率三五%，排名第一。

＊表面彈性波過濾器（Surface Acoustic Wave Filter）全球市占率四五%，排名第一。

＊Wi-Fi模組全球市占率六〇%，排名第一。

＊EMI過濾器全球市占率三五%，排名第一。

＊測震器全球市占率九五%，排名第一。

二、京セラ（京瓷）

一九五九年以三百萬日圓起家，到一九八〇年年收達到一千億日圓，年獲利兩百五十億日圓，如今員工七萬人左右、總資產約兩兆六千億日圓的京瓷，是京都企業的佼佼者，創辦人稻盛和夫更是企業管理的巨擘，既是以技術領先的工業家，又是發明獨特管理法的企業家，更是人本主義的哲學家。

做為一個工業家，稻盛先生（作者稱塾長）的創業宗旨，是以領先技術打動客戶，取得訂單，一步步成長，那是「技術優先」的創業時代。

做為一個企業家，當京瓷達到一定規模，稻盛先生開始重視人的品格，提出品格優先理論，視員工為經營者，將員工的利益置於股東之上，發明阿米巴（變形蟲）理論，就是「一個大組織下面，可細分為許多小組織，每個組織追求自

2015年3月稻盛先生（前排左）應邀來台演講，與盛和塾塾生合影，左邊站立者為作者，前排右為台灣盛和塾創會會長崇友電梯創辦人唐松章先生。

身利益的極大化，公司從而獲得最高利益。」如此一來，規模再大的企業，也可根據業務特性，拆解成無數小組，每個小組視同獨立單位運作，掃除因為規模擴張，變得臃腫肥大、效率不彰的弊病。

做為一個哲學家，稻盛先生反覆自問：人為什麼而活？生存的意義是什麼？從而悟出生命的意義：是一個靈魂磨練的過程，人活著是為了要成為一個品質更好的人，如果有人在往生者的墳前說：「你一生努力不懈，不斷提升自己，直到擁有如此高尚的品格。」能得到這樣風評，一生也就值得了。因為人死如燈滅，一切化為塵土，只有靈魂還在、精神還在，所以此生是不斷修練靈魂的過程。

身為用心研究企管的診所負責人，作者非常景仰稻盛先生，一直盼望有機會親炙教誨，後來願望成真，真的得以實現。

二〇〇三年八月二十八日，作者參加京都舉行的第四十四回日本人間ドック學會學術大會，第一次見到稻盛先生，其後一直想加入「盛和塾」，可惜一再錯過機會。直到二〇一四年十一月，他來台灣「盛和塾」演講，才有機會結識，並入塾成為學生，接受他的教誨，生活中隨時不忘貫徹先生「提升心性，拓展經營」的理念。

稻盛先生的經營哲學，不是空洞的理論，是經得起驗證的原則。根據這個理論，他挽救了每年虧損一千八百八十四億日圓，瀕臨破產的日本航空，前後只花四百二十四天，就由虧轉盈一千八百億，那是二〇一〇年初的事。其實在前一年，也就是二〇〇九年，稻盛先生已將個人股份全數捐給員工，退休到寺廟修行。二〇一〇年二月，先生七十八歲那年，在鳩山首相力邀下，答應出任日航董事長，協助重整。日後有人問他成功的原因，歸納起來，其實只有三點：

- 稻盛先生既不支薪，又不挾帶私人，德能服眾。
- 建立以員工為本的經營方式，修正過往股東優先的原則，讓員工都感覺自己就是老闆。稻盛先生認為公司利潤是員工創造出來的，如果員工每日忐忑不安，如何給公司創造利潤，股東的利益又從何而來？

• 稻盛先生以獨創的阿米巴理論，把日航的航線逐一挑出，每條航線的盈虧獨立考核。

回頭來看，稻盛先生的創業過程，其實歷經艱辛。

一九五五年鹿兒島大學工學部畢業後，進入京都有名的礙子製造商「松風工業」，當時「松風」面臨倒閉，員工們怨聲載道，屢以罷工來發洩怒氣，同期的就有四人離職，但稻盛不為所動，繼續勤奮工作，致力於將鎂橄欖石，應用在特殊磁器的研發上，最後取得松下電器的大訂單，讓「松風工業」得以存活下來。

研發遇到瓶頸時，技術部長曾對稻盛惡言相向，指責他工作不稱職，企圖逼退。當時他兩手空空，沒錢也無任何支援，只有腦袋裡研發了一半的特殊磁器技術。上司青山政次建議他自立門戶，青山政次的友人西枝一江還以自宅擔保替他向銀行貸款，可以說沒有西枝這位恩人，就沒有後來的京瓷。

一九五九年四月，在中京區向宮木製作所借用倉庫的一角，京瓷誕生了，資本額三百萬日圓。稻盛出任董事兼技術部長，實質上全權負責技術、生產及營運等，員工二十八人，以獨有技術生產電視機映像管零件起步。

創業之初，客戶經常告訴他：「如果能開發出某某產品，我會買。」稻盛的策略是，縱使超過自身能力，也先攬下再說。接到訂單，再來設法解決開發和交貨問題，每天像陀螺一樣打轉，這是他創業初期的寫照。

有時借用附加設備的工廠，徹夜加班，藉由反覆實驗，戰戰兢兢操作，使京瓷產品範圍一再擴大，技術能力也日益強化。

一九六六年美國IBM公司給了一張積體電路原膜基板的大單，為京瓷創造了契機；這項非常複雜的產品，京瓷的八十位員工全體出動，二十四小時三班輪替，拚命達成產量，終於準時交貨，得到高評價，國內訂單也跟著飛來。

接下來，就像坐上雲霄飛車，一路往上沖，五十二歲創立「第二電信」（KDDI），成為日本第二大通訊公司。一九八〇年，京瓷突破一千億圓年營收，開始成為高收益公司。

稻盛先生的發跡，有點像賈伯斯的蘋果，是技術領先模式，但他個人又具備深厚的人文素養，當企業發展到一定規模，能以獨特的人文修養，注入公司的管理，逐漸邁向高峰，他的企業是典型的京都風格：高技術、高市占、高利潤。

京都的地標—京都塔。

京瓷事業主要為兩大領域：

（1）零件事業

精密磁器零件相關事業、半導體零件相關事業、精密磁器應用品相關事業、電子設計相關事業。

（2）通信機器相關事業及資訊機器相關事業。

先生的「稻盛財團基金會」於一九八五年設立「京都賞」，是一個頒發給在科學、技術、文化等領域有重大貢獻的國際獎項。一九九五年成立「盛和塾」，為中小企業經營者授課，分享其人生哲學與經營理念。稻盛和夫先生於二〇二二年八月二十四日辭世，享耆壽九十（一九三二—二〇二二）。

卷十——兩個願景

行醫數十年，有兩個願景：

一是推廣健康的生活理念，讓國人遠離高血壓、糖尿病等生活習慣病。

二是避免讓國人死於大腸癌，

作者的診所採用鎮靜舒眠全大腸鏡檢查，能在始發時，即予切除根治……

1 避免國人死於大腸癌

衛福部發布二〇二一年國人十大死亡原因，前四名依序為癌症、心臟病、肺炎及腦血管疾病；十大死亡原因第一名的癌症中，又以大腸癌發生比率最高，二〇〇六年已經超過肝癌，成為威脅國人生命的頭號癌症。

世界衛生組織最近公布的癌症資料也顯示，台灣已經是全世界大腸癌發生比例最高的地方。大腸癌成為國人最擔心、也是最有可能得到的癌症。

其實，大腸癌是能預防甚至能早期根治的癌症，只要自己留意，就能避免死於大腸癌！

大腸癌的發生約百分之八十五是由大腸瘜肉生成，剩下百分之十五是大腸黏膜自身的病變引起，兩者的致癌原因都與個人體質有關。

談到個人體質，大約只有百分之十來自遺傳，其他百分之九十起因於生活習慣與生活環境。不良的生活習慣，譬如每天吃油膩便當、嗜喝甜飲料、多油多糖、不吃蔬果、缺乏運動；甚至熬夜不睡覺、晝夜顛倒，或菸酒、工作壓力的累積等，都會形成以下致癌體質：肥胖、三高（高血糖、高血脂、高血壓）。此外，體內自由基、氧化物增多、自律神經、內分泌及免疫功能失調，也是大腸癌增加的原因。

其次是生活環境，包括食安問題（不良食用油、食物添加物、殘留農藥）、居住環境（污染的問題）以及工作、職場條件不佳，也會影響健康與體質。

談到大腸癌的預防，可分成初段預防與次段預防：

- **初段預防：**改正不好的生活習慣，從飲食、運動、早睡及釋壓的生活做起，不吃不好的油，營造不產生大腸癌的健康體質。建議大家採用水煮烹調之類的清淡飲食，多蔬果、多吃魚及吃原型食物（避免加工食品）。

預防大腸癌，特別要攝取「多纖維」食物，它在腸道內不會被酵素消化，可促進大便通暢，減少有害物質與大腸黏膜接觸時間，進而減少大腸癌的發生。

「多纖維」食物包括：

穀類：小麥、胚芽米、糙米

蔬菜：牛蒡、蘿蔔乾、葫蘆乾

海藻：海帶、海苔、髮菜

豆類；紅豆、大豆、綠豆

薯類：蒟蒻、地瓜、芋頭

蕈類：木耳、香菇

種子類：花生、杏仁果

動物性食物：筋類、軟骨、蝦蟹的殼

- **次段預防：**接受大腸癌篩檢，如大便潛血反應及定期鎮靜舒眠全大腸鏡檢查，尤其是定期做「鎮靜舒眠全大腸鏡檢查」效果最佳。

作者的診所採用「鎮靜舒眠全大腸內視鏡檢查」，免麻醉減痛，還可在檢查過程中將大腸內可疑病變放大一百倍觀察，判定是否有癌變或將來可能致癌的病變，利用內視鏡當場切除。最重要的是檢查前要做好徹底的清腸工作、檢查醫師要有相當的經驗，檢查完或切除病變後即可回家休息，不必住院。

這種檢查特別是針對四十歲以上、肥胖、有血便、大便習慣改變者、喜歡肉食、高糖、高油脂食物；或者是家族有大腸癌、大腸瘜肉者、有糖尿病、生活習慣不良者（飲食、菸酒、不運動、熬夜），以上均屬高危險群，最好定期接受鎮靜舒眠全大腸放大內視鏡檢查，以免癌症上身而不自知。

透過初段預防，養成正確的良好生活習慣，建立不養癌的健康體質。加上次段預防：定期接受鎮靜舒眠全大腸放大內視鏡檢查，一旦有病變可能，即予切除並持續追蹤，就能避免因大腸癌而致命。

「鎮靜舒眠全大腸內視鏡檢查」的特點：

- **輝雄診所採用的「鎮靜舒眠全大腸內視鏡檢查」靠的是技術，不是靠麻醉。**

麻醉本身具有危險性：一個被麻醉的受檢者，讓他沒有疼痛的感覺是最危險的。檢查過程中，即使大腸被穿破了，被麻醉的受檢者不會有感覺，也不會叫痛，很容易造成穿孔。

輝雄診所只給受檢者打針鎮靜，不使用深度麻醉，讓他放鬆、消除緊張。受檢過程中，如感覺疼痛可以即時反應，讓操作醫師採取相應對策，這才是最安全的檢查方法。

- **大腸鏡檢查重要關鍵：大腸的清洗是否徹底乾淨。**

做一次全大腸內視鏡檢查，不僅花錢花時間，術前的清腸更是受罪，必須喝下大量藥水，很多人對它敬而遠之。但術前大腸是否徹底清潔，直接關係到檢查操作是否順利與診斷的準確度。不乾淨的大腸，檢查時容易遺漏重要的病變，如癌變的瘜肉或早期大腸癌。

一般醫院會讓受檢者於術前三天開始特殊飲食，在家服用瀉藥做準備，採取這種「細水長流」的做法，又如檢查當天清晨兩點至三點起床喝藥水，這些都無法徹底清潔大腸。

• 自己在家喝藥水清腸，無法將大腸徹底清乾淨。

受檢者是一般民眾，缺乏專業知識，自己在家服用清腸藥水，根本不知道喝的方式是否正確，也無從判斷什麼狀態才是大腸清乾淨了。往往自己以為清乾淨了，其實清得不夠徹底。

一般醫院為了在一定的時間內完成整批檢查，會讓受檢者在家前置作業，抵院後立刻開始大腸鏡檢查。自行在家清腸的受檢者，容易以自我感覺來判斷清腸情況，往往判斷不正確。如果大腸並未清乾淨，做大腸鏡檢查時，醫院的辦法是將受檢者腸內未清乾淨的地方拍照存證，只向受檢者交待「大腸不乾淨」，這是不負責任的。

不乾淨的大腸、不完整的檢查，除了讓受檢者的身體白受折騰，浪費時間與金錢，更嚴重的是：容易造成受檢者誤判（以為自己做了全大腸檢查，可以安心，其實檢查並不精確），延誤病變的診斷與治療的黃金時機，甚至造成無法挽回的遺憾。

- **徹底乾淨的全大腸，是我們的責任與良心。**

輝雄診所讓受檢者於檢查當天空腹報到，再開始喝清腸藥水，在專業醫護人員指導與監督下，集中全力認真有效的開始清腸動作，前後歷時兩個多小時，將大腸徹底清潔乾淨。

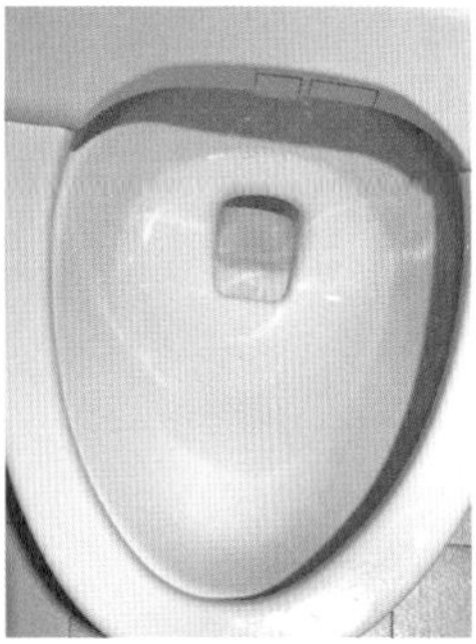

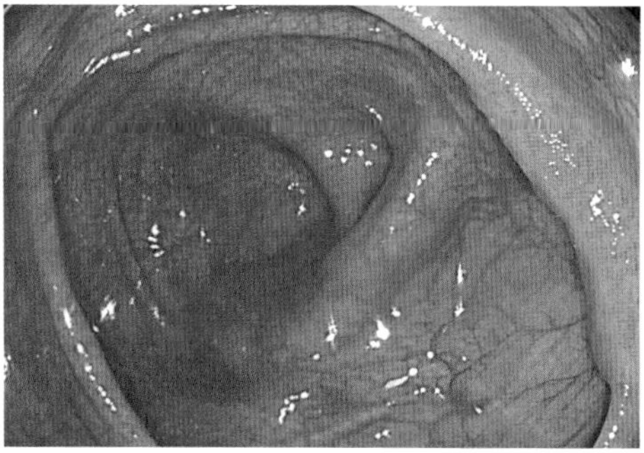

便水清澈如尿液＋清腸後的大腸壁。

輝雄的醫護人員不怕麻煩，不忌糞臭，全程為受檢者觀察排便狀態，每位受檢至少要拉五至六次以上，直到糞便水清澈、宛如尿液才算是清乾淨，才能開始檢查。

- **輝雄診所在內視鏡檢查中，一旦發現瘜肉，就放大觀察，不做切片，必要時當場完成內視鏡全瘜肉切除（Total Biopsy 完整切片）。**

本院不做瘜肉切片，大腸鏡檢查時一發現瘜肉，當場以 NBI（窄頻電子染色內視鏡觀察）放大一百倍，由其腺口型態判定是否為良性或癌病變，良性者又可判定其為增生性瘜肉（不會癌變）或腺性瘜肉（易致癌變）。

若屬腺性瘜肉，立即整顆切除；若腺口型態判定為癌病變，即進一步確定癌細胞浸潤深度。若浸潤不深、可以用大腸鏡做根治性切除者，馬上切除，再縫合，術後當天即可返家休息，不必住院。

整顆瘜肉完整切除的做法，能根除癌變瘜肉，不遺漏任何病變。為何瘜肉原則上不可切片，因為切片容易有以下迷思、誤判，造成難以收拾的後果。

狀況一：看到瘜肉在Ａ點做了切片，病理報告為良性，受檢者開心又放心。其實細胞是在Ｂ點位置。

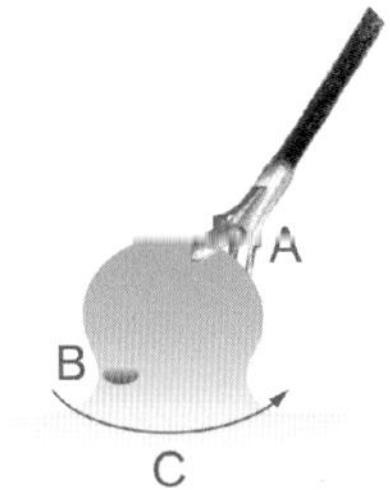

狀況一

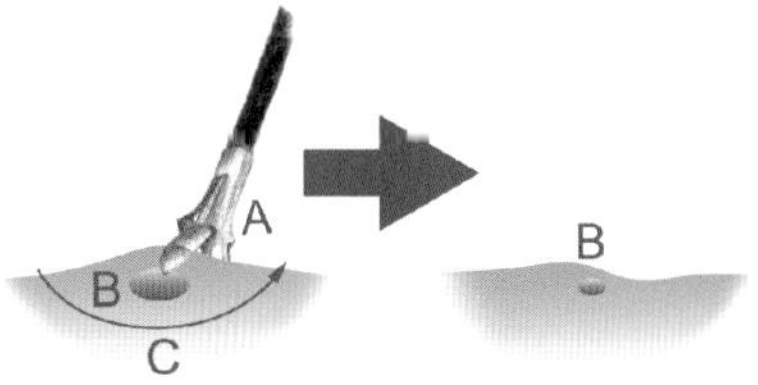

狀況二

僅做Ａ點切片，不能代表瘜肉的全部，我們採取Ｃ，整顆完全切除。

狀況二：如果發現的瘜肉很小，表面數處有癌細胞，切片夾切了Ａ點，病理報告是癌。但還是留下小小的Ｂ點殘留，再回頭找殘留Ｂ點的殘留癌，因太小會找不到，此時必須開刀切除整段大腸。

若第一次就把整個小瘜肉完全切除（Ｃ），就不必開刀。除非發現是「晚期進行大腸癌」，才做病理切片確認，以便外科醫師剖腹開刀（外科醫師有病理切片結果是癌，才可以開刀）。

•鎮靜舒眠大腸鏡．內視鏡手術治療

利用放大內視鏡併用染色及NBI的效果，不管是瘜肉或早期癌，尤其後者，更要小心翼翼明確診斷出癌細胞侵犯範圍，再施以內視鏡手術治療，本院內視鏡手術治療方法有兩種：

- 內視鏡瘜肉切除術（Endoscopic Polypectomy）
- 大腸黏膜凹陷型病變．內視鏡黏膜切除術EMR（Endoscopic Mucosal Resection，EMR）

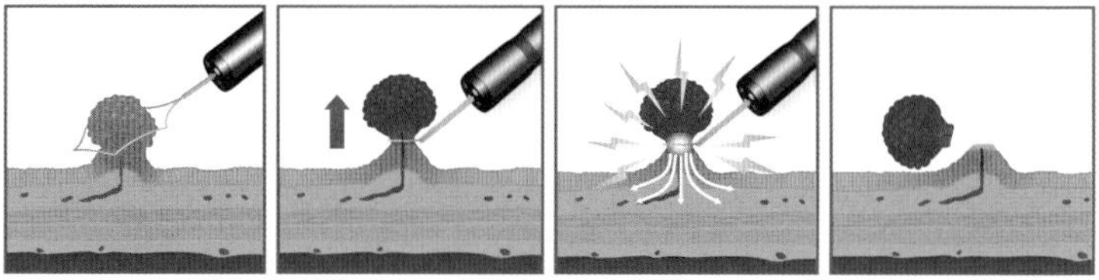

內視鏡瘜肉切除術（Endoscopic Polypectomy）

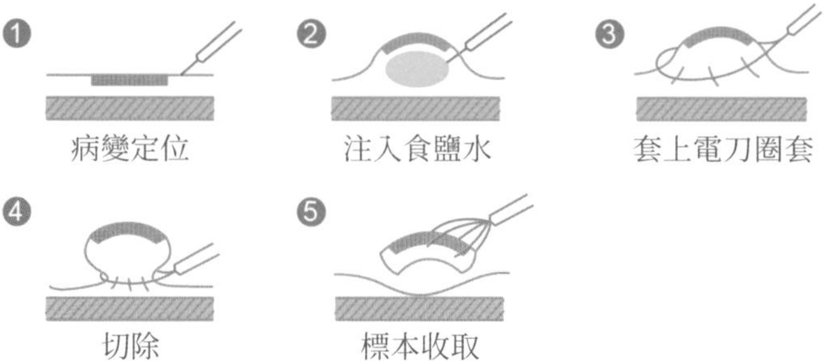

內視鏡黏膜切除術（Endoscopic Mucosal Resection，EMR）

2 讓國人遠離生活習慣病

「生活習慣病」這個觀念來自日本，是日本醫學保健權威日野原重明先生，於七〇年代率先提出，經過二十多年的推廣，一九九六年日本厚生省才將過去約定成俗的成人病或慢性病，正式更名為「生活習慣病」。

這些病，過去稱為成人病或慢性病，但日野原先生發現所謂的慢性病，像高血壓、心臟病、糖尿病、慢性肝病、腎病、甚至癌症等，除了遺傳之外，其成因都與生活習慣密不可分。這些疾病不是老年人的專利，而是愈早養成不良的生活習慣，疾病就愈快出現。

「生活習慣病」的發病、進行，與運動、休養、抽菸、喝酒等生活習慣有關，常見的有：

1 高血壓
2 高血脂
3 心臟病（狹心症、心肌梗塞、心臟衰竭）
4 腦血管障害（腦梗塞、腦出血）
5 糖尿病
6 癌（肺、胃、大腸、肝、乳房、子宮等）
7 肥胖
8 骨質疏鬆
9 認知退化（失智症）

（1）生活習慣病的特徵

- 兒童時期開始，由不良的生活習慣累積造成。
- 威力強大，是危害健康的頭號殺手，包括癌症、心臟病、腦血管疾病、慢性肝病、糖尿病、腎臟病、高血壓等。
- 侵犯人體無聲無息，沒有任何症狀與感覺。
- 一旦發現，已在體內肆虐一段時期，往往無法痊癒與復原。
- 它們通常在人們意氣風發、事業有成時，開始多重發病，譬如肥胖、糖尿病、高血脂、高血壓，在你毫無所覺的情況下，慢慢被侵蝕，漸漸全面惡化，眾病齊發。

我們以高血壓、冠心病和糖尿病來說明，從下表可看出：它們一開始都沒症狀，一旦發覺有症狀，就麻煩了。

疾病	無症狀	有症狀	嚴重時
高血壓	血壓上升，但無感覺	頭痛	腦中風
冠心病	三高血症 抽菸 壓力	心絞痛	心肌梗塞
糖尿病	肥胖，血糖升高	口乾 多吃 頻尿	心臟衰竭 腎臟衰竭 癌症

這些由生活習慣引發的疾病，根據預防醫學的理論，有三段五級的方法應對。

初段預防

- 體力（健康、免疫、體能）的保持與增進。
- 停止發病原因：改正生活習慣、預防注射、生活環境改善。

次段預防

- 疾病的早期發現、早期治療。
- 防止疾病進行與再發。

三段預防

- 將已成為後段班的人身體剩餘機能發揮到極限，努力回歸自力生活，亦即透過臨床治療來控制殘障、或在恢復的病程中進行復健。

「次段預防」的「早期發現、早期治療」，對付生活習慣病效果不彰。必須提升到「初段預防」：「改正生活習慣、保持、增進體力、停止發病的原因」才會有效。

一九九六年五月，作者有幸在東京認識日野原先生，他是生活習慣病的發現者，當時是聖路加國際病院的名譽理事長，是日本醫界舉足輕重的人物，被稱為「かみさま」（神），當年先生八十六歲，耳聰目明、健步如飛、上樓時一步跨兩階，每天早出晚歸，主持會議、到處演講，著作不斷，我當場邀約先生來台演講，他也爽快答應，但行程滿檔，最快三年後才能成行。三年後，先生果然如期來訪，其後還來台數次，作者受其思想啟迪甚深。

日野原先生認為：不管稱為「中老年慢性病」或「生活習慣病」，都是到達一定年齡就容易得到的病，它與飲食、運動、休養（休息與養生）、菸酒、檳榔等「不良嗜好」密切相關。因此由生活習慣著手，是可以預防的。其次，「生活習慣病」有低年齡化現象，有些人年紀輕輕就得了「小兒生活習慣病」，為了家族成員健康，每個人都應從小養成良好的生活習慣。

其實，人難免一死，死亡是人生不可避免的終站。能在生命的過程中，維持最長的健康活動、最短的病床束縛，活得長，又活得好，才能享受長壽的樂趣。如果雖然長壽，但屢為病痛所苦，這種長壽是一種「不幸福的長壽」，「生活習慣病」的核心精神，就在避免這種事情發生。

其次，從國人的十大死因來看，許多都和生活習慣有關，可參照民國一一〇年衛福部的統計資料：

如何才是好的生活習慣呢？布雷斯洛博士（Dr. Breslow）（注一）在一九六五年提出的七個指標可作參考：

- 不抽菸
- 適度喝酒或完全不喝
- 定期相當劇烈的運動

2021年國人大死亡原因

排名	死因	死亡人數	百分比（%）
1	惡性腫瘤	51656	28.0
2	心臟疾病	21852	11.9
3	肺炎	13549	7.4
4	腦血管疾病	12182	6.6
5	糖尿病	11450	6.2
6	高血壓性疾病	7886	4.3
7	事故傷害	6775	3.7
8	慢性下呼吸道疾病	6238	3.4
9	腎炎、腎病症候群及腎病變	5470	3.0
10	慢性肝病及肝硬化	4065	2.2

- 保持適當體重
- 七到八小時睡眠
- 每天吃早餐
- 不吃不必要的點心

每個人都可根據這些指標，查核自己的生活，一有問題，即刻改正，但要注意以下的原則：

- 從現在開始改變習慣，不會太遲。
- 改變習慣的效果不是立竿見影，假以時日，必有實質效果，千萬不可半途而廢。
- 未發病之前，繼續正確的生活習慣，可延緩疾病發生，即使有病，亦可防止惡化。

- 無論幾歲，立即矯正生活習慣，今天不做，明天就後悔。因為你可能迎接「苦悶的生病人生」。

（2）生活習慣病最好的醫師是自己

1. 健康靠「自我管理」，由每天量體重開始
2. 備家庭三寶：體重計、血壓計、體溫計
3. 體重（每天一次）；血壓（早、晚量）；脈搏（隨時測）；血糖、HbA1C、膽固醇（半年一次）；小投資（時間、金錢）VS.大收益（營造健康的生活與人生）
4. 戒絕壞習慣、養成好習慣
5. 好習慣由幼時養成，家庭是習慣養成的學校

綜合來看，健康有三要素，維繫這些要素，須遵守三個「心」原則。

- 健康要靠自己，健康是第一人稱，自己決心要健康才會健康，太太或家人要你健康，不一定會健康，這是決心。
- 健康要持之以恆，才能維持，一曝十寒不會健康，這是恆心。
- 認真面對檢查結果（如抽血、驗尿）及醫護人員的建議，接受建言，這是誠心。

（3）注重營養，建立健康的飲食習慣

1．均衡營養飲食

- 每天盡可能攝取多種食品
- 主食、主菜、配菜要齊全

健康三要素

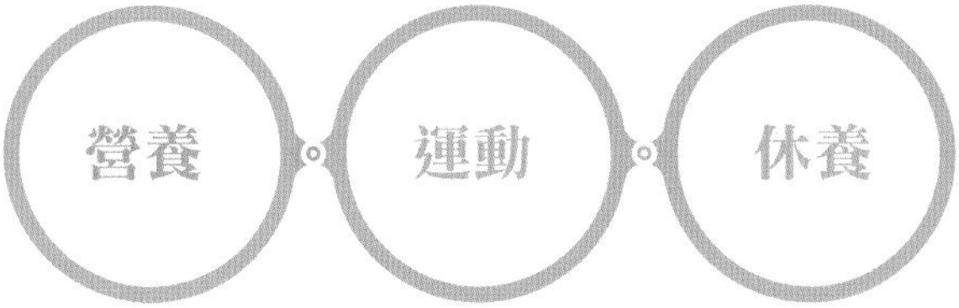

管理三原則

六大營養素缺一不可、種類要多但不可過量

①蛋白質：魚、肉、蛋、大豆、大豆製品

②礦物（鈣）：牛奶、乳製品、海藻、小魚、小蝦

③維生素：綠黃色蔬菜、其他蔬菜、水果

④碳水化合物：米、麵、薯類、砂糖

⑤脂肪：多吃植物油、魚油，少吃動物油

⑥纖維質：促進大腸蠕動．延緩糖分吸收，抑制膽固醇、膽汁酸吸收

2．適度的熱量攝取

- 三餐規則進食，維持節奏
- 細嚼慢嚥，每口要嚼二十下
- 堅持八分飽，有益健康

• 熱量限制，有助長壽

3・注意脂肪的量與質

• 不攝取過多脂肪

• 多吃植物油或魚油，少吃動物油

• 動物脂肪易動脈硬化

• 多吃白肉（魚、雞肉），少吃紅肉（獸肉）

4・避免太鹹、太甜，口味力求清淡

• 鹹：容易引起高血壓

• 甜：易致肥胖、蛀牙、動脈硬化

5・溫馨交流的用餐時間

- 全家一齊用餐：營造其樂融融的用餐氣氛
- 媽媽（太太）的味道：養成回家吃晚餐的習慣

6・飲酒適量

- 啤酒對健康最不利（啤酒味淡，易過量，引起胃食道逆流及肥胖）
- 紅酒有益健康、長壽

百歲健康活潑人瑞日野原先生的一日三餐

早餐：一〇〇％天然果汁＋一大匙橄欖油（約十五公克）；或牛奶一瓶＋一大匙卵磷脂，再搭配半根香蕉＋一杯咖啡。

午餐：牛奶一瓶＋餅乾二至三片。

晚餐：炒蛋加蟹肉＋青菜＋鮭魚的南蠻料理（注二）；或半碗飯＋滿滿的蔬菜＋牛腰肉或魚肉；或綠色青菜沙拉＋蛤仔清湯＋醬菜＋小半碗飯。

日野原先生一天的熱量控制在一千三百卡之內，三十歲至晚年，都維持同樣體重，他在二〇一二年一百零二歲時，猶能站立演講四十分鐘，口齒清晰、邏輯清楚。

另外，營造健康飲食的六個要點，應特別注意第二點：熱量的攝取要有節制。根據科學家的實驗（Science 2009，325：201-204），把七十二隻猴子分成兩組，每組三十六隻，其中一組三十六隻自由進食，熱量無限制，另一組三十六隻的飲食熱量（calories）限制在自由進食組的七〇%，這樣餵食二十年的結果，熱量控制的猴子身體明顯較健康，死亡率與致癌率少很多，詳如左圖：

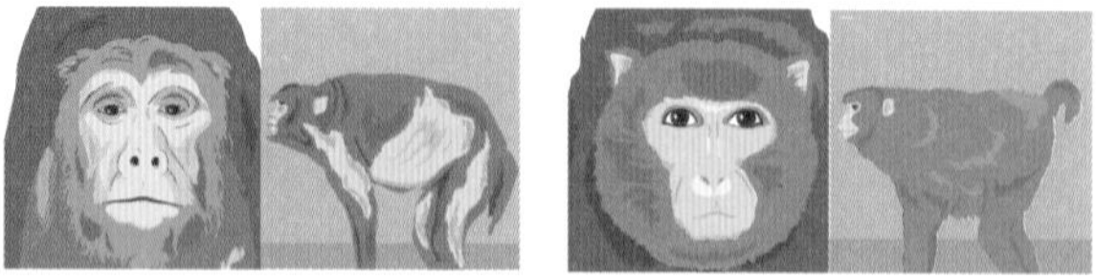

二者比較	自由進食20年	熱量限制20年
死亡率	14/36	5/36
糖尿病	5（11）36	0/36
癌	8/36	4/36
心臟病	4/36	2/36

・從圖列的死亡率、糖尿病、癌、心臟病來看健康狀況：

熱量限制組：五隻死亡、四隻有癌症、二隻有心臟病，三十六隻都沒有糖尿病。

自由進食組：十四隻死亡、五隻有糖尿病、十一隻血糖過高、八隻有癌症、四隻有心臟病。

・從猴子的四個圖像觀察，左兩圖是自由進食組，左一為臉部表情，左二為毛髮情況，右兩圖為熱量限制組的臉部及毛髮情況。

熱量限制組：目光炯炯有神、精神飽滿。
自由進食組：蒼老面無表情、雙眼無神。

熱量限制組：毛髮茂盛不脫落、充滿光澤。
自由進食組：毛髮稀疏脫落、老態畢露。

（4）營造健康的運動習慣

A 運動的好處

- 提升高密度膽固醇（HDL-cho）及血管彈性，預防動脈硬化
- 增加體細胞對氧氣攝取能力
- 增強心肺功能與骨密度
- 促進流汗，排泄有害物質
- 增加抗壓（stress）性
- 使頭腦清晰、精神飽滿

選擇隨時隨地，自己一個人可以完成的運動。

如伸展操、早操等

如游泳、爬山、騎腳踏車等

如伏地挺身、腹肌運動、啞鈴體操等

B 有氧運動 VS. 無氧運動

種類	強度	時間	熱量來源	效果	安全性	內容
有氧運動	弱	長	糖、脂肪	促進心肺功能（燃燒脂肪）	高	游泳、爬山、騎單車
無氧運動	強	短	肌酸酐、糖原	增強肌力（製造肌肉）	低	百米賽跑、舉重

C 運動時間：每次十五分鐘以上，每天至少三十分鐘。

D 運動強度：目標心跳範圍，即每分鐘心跳數的範圍

（二二〇減年齡（歲））×（六十五至七十五）百分比等於

心跳數／每分鐘

例：（二二〇減六十歲）×（六十五至七十五）百分比等於

一〇四至一二〇／下／每分鐘

有氧運動要達到「目標範圍心跳」，且維持這種心跳二十至三十分鐘，為最理想強度。

二十歲：一三〇下　三十歲：一二五下

四十歲：一二〇下　五十歲：一一五下

六十歲：一一〇下　七十歲：一〇五下

E 運動頻率：

- 每週三次以上
- 每次三十分鐘以上（十到十五分鐘也有點效果）
- 選擇對關節少傷害的運動：走路．游泳．腳踏車

F 運動原則：

- L（Long）：花時間
- S（Solw）：緩慢

• D（Distance）：儘可能長距離

（5）養成運動習慣

1 **在生活中運動**

• 從走路開始

• 每天三十分鐘為目標

• 以會喘的速度走

2 **開朗、快樂、安全的運動**

• 適合自己體能的步調

• 力求能快樂持續長期運動

• 有時也做有趣的運動

3 **利用運動營造健康**

• 與營養、休息維持平衡

• 務必禁菸與節酒

• 與家人同樂，增加朋友

（6）營造健康的休養習慣

「休」：優質睡眠、放鬆；使腦及身體充分休息，消除身心疲勞。

• 有壓力要適當對應；適度壓力對腦有益。

• 過多且時間過長的壓力，會使大腦疲憊、機能低下，甚至會有暫時性「健忘」。

• 週末、暑假或年假等假期悠閒度過，非常重要。

「養」：養神，為了明天，累積正能量、產生活力。

- 透過興趣、生存意義（生存價值），與人交流，給腦部好的刺激，心平氣和生活。
- 特別能活化腦前頭葉的功能，產生「生而為人應當有的感情」。
- 有效地與人充分溝通，與社會積極互動。

選擇最適合自己的休養法（Fresh Pattern）：

散步、公園逗留、聊天、泡茶、泡澡、按摩、太極拳、音樂等。

（7）運動的種類

主運動

持久力

快走、游泳、騎單車

生活習慣病的預防與改善
精神壓力的解除

輔助運動

柔軟性
精巧性

伸展操、體操、社交舞

暖身運動（傷害的預防）
舒解運動（肌肉疲勞的恢復促進）
腰痛、肩膀酸痛的消除

肌力

舉重、啞鈴、彈力操訓練

運動能力提升
日常生活運動肌力的提升
骨質疏鬆、跌倒受傷的預防

財團法人台灣健康促進基金會（網址：www.thpfoundation.org）

為了讓國人遠離生活習慣病，作者於二〇一二年十二月和一些醫師、同鄉及長期關注健康議題的朋友，成立「財團法人台灣健康促進基金會」，希望在專業的醫療背景下，藉由資訊、支援與資源的提供，幫助大家建立正確的生活習慣，徹底從飲食、運動、生活作息做起，真正遠離病痛，擁有健康。

成立以來，經常舉辦活動，推廣相關理念。以二〇二二年為例，從年初到九月底，已經辦過十二場演講；近期一場是二〇二二年九月二十五日，在中正紀念堂舉辦的「健康優活講座」，由台大醫院吳明賢院長、輝雄診所劉輝雄院長、健康教練蔡宗穎教練輪流主講。

注一：布雷斯洛博士（Dr. Breslow）是美籍公共醫學專家，在慢性病的預防上，成就有目共睹，其研究建立了死亡率和生活習慣病的關係，因此被稱為「公共衛生先生」。

注二：南蠻，日本人指的是南歐的葡萄牙及西班牙人。因為這兩個民族早在十六世紀，就抵達日本進行貿易，當時被稱為南蠻人，這個帶貶意的稱呼沿用至今。

卷十一——海闊天空

人生不設限

人生不是登山。登山，是爬到山頂，就要下山；
人生，是不斷走路。走到這裡，看到對面，走到對面，又有對面，
是充滿驚喜的過程，我哪料到六十四歲時會拿起畫筆，畫出成績，
原來人生不設限，才能海闊天空……

1 劍道與我

二〇二二年九月四日週日早晨，強颱「軒嵐諾」來襲，北台灣到處狂風暴雨，台北風雨交加，街邊路樹被吹得東倒西歪，路上行人稀少，連車子都可能被風颳走，我冒著風雨趕到台北體育館，替參加「全國分齡劍道錦標賽」的十六歲孫兒加油。看著年輕的他，穿戴整齊，戴頭盔，紮腰垂，穿護具，執竹劍，聚精會神盯著對手，謹慎地移動腳步，準備出手攻擊的時候，頓時眼眶一熱，因為那幕場景，就像數十年前的我，在嘉義大林的乾元道場，也是手執竹劍，全神貫注，準備揮砍，那年也是十六歲，一個感覺一切美好的少年，每天早出晚歸，趕著上下火車，到嘉義通學。想不到數十年後，同樣的場景重現，只不過地點換成台北，主角變成孫兒。

想起從十六歲拜入乾元仙門下，認真習劍以來，轉眼數十寒暑，如今輪到第三代上場，代代相傳，心裡既溫暖又感慨。

溫暖的是，這麼有意義的擊劍運動，成為家族的傳承，兒孫都練習劍道，孫兒力嘉更是初段資格的後起之秀，一家三代都喜歡學劍，是令人愉悅的事。至於感慨，則是歲月催人老，數十寒暑轉眼就過，所幸一路走來，一直敬業勤學，不敢懈怠，並未虛擲光陰。劍道與我結緣這麼深，讓我受惠這麼多，覺得必須對它有更多着墨，雖然本書卷二約略提到學劍的淵源和乾元仙的關照，但總覺得意猶未盡，於是抽空南下，拜訪久未晤面的師兄江炳村先生。當年也是炳村兄引介，才得以拜入乾元仙門下，我們曾同門習藝多年，他很早就是七段高手，曾經是嘉義市興嘉劍道協會禮聘的總教練。兄弟倆難得晤面，都懷念當年情景，炳村兄特別出示珍藏的劍道心法祕本和我分享。當晚，我們帶著甜蜜的回憶，重回幾十年

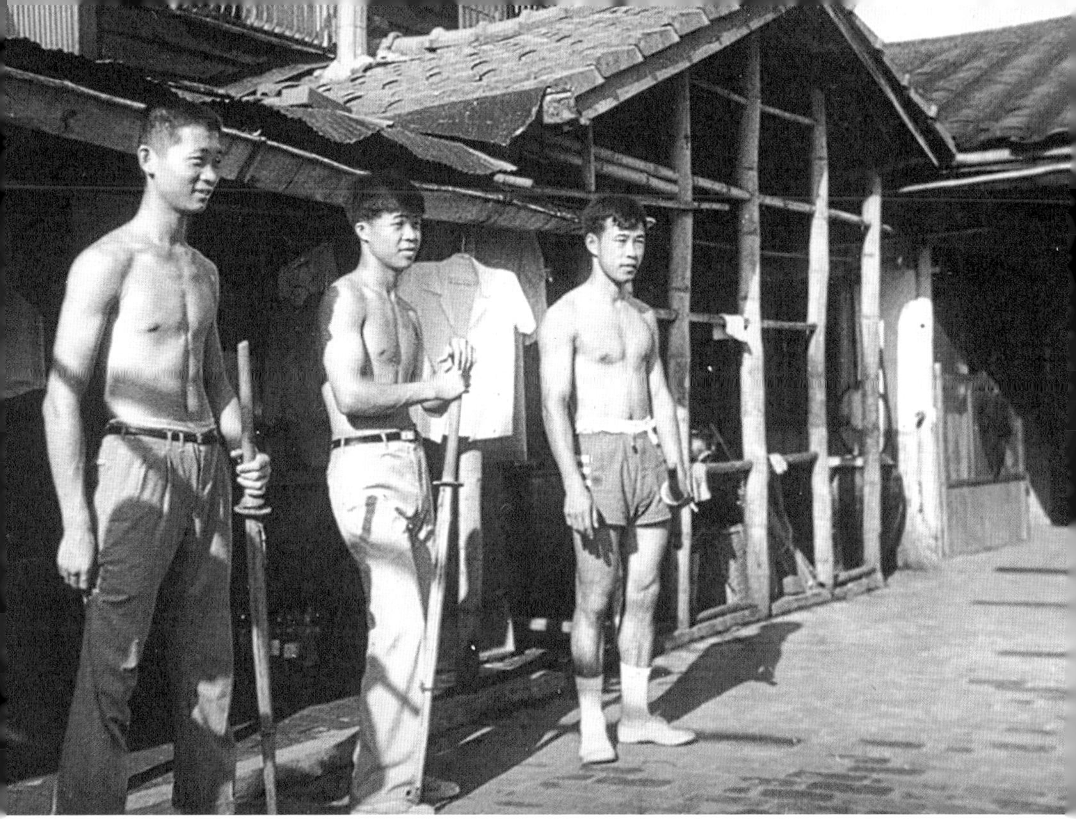

蓄勢待發的劍士，中為作者，地點乾元道場。

前大林鎮上……

乾元仙的道場就在大路邊，是乾元仙家的院子，露天的，地上鋪著石磚，大約五十米長、三十米寬，所以下雨就不能練習。我們每週練習兩次，每次練習大約兩個小時，中場休息片刻。練習前要做好各種暖身運動，練習有幾種方式：首先是基本功，就是練習的姿勢，練劍的人無論蹲、坐、站，都要挺直，這也是一種美姿運動。這種基本功包括基本的構劍姿勢（構劍，就是持劍用劍時的姿勢和精神狀況）、身體移行法、擊打法、接招法、揮劍空擊、步法加上揮擊；連喊聲也有講究，必須採腹式呼吸，以鼻吸氣、口吐氣。喊聲需要練習，因為劍道是一種君子運動，要攻擊對手某個部位，必須同時喊出該部位名稱，否則就犯規。

再來是約束練習，就是套招，一種點到為止的練習。這種練習因為動作緩慢，可以互相糾正姿勢。約束練習，如果姿勢漂亮、擊點正確，那麼真正對打時就不會離譜，只要速度加快就行。約束練習後，是綜合練習，也就是隨心所欲自由對打。道場內有一條固定的輪胎，可以對著輪胎擊打，有點像拳擊手的沙包，把它想像成敵人的身體，揮劍砍打。

在金門最前線的二膽野戰醫院服役時，作者仍時時練劍。

北醫校慶時，作者（右）與四段的劉家齊（乾元仙次子）在教室表演擊劍。

另外，乾元仙獨創寒訓與暑訓，寒訓是農曆春節前、寒流來襲期間，一樣早上三點起床，四點開始練習。寒天早起已經很難受，何況還要著裝。所謂著裝，就是把身上衣服統統脱掉，穿上像柔道服一樣的劍道衫，接下來把腰垂繫好（護腰），鬆緊要恰到好處，太鬆沒有保護效果，太緊則喘氣困難；然後是護心（圍住腹部的墊子）、頭巾、頭盔，最後是手套。試想從溫暖的棉被中，哆嗦著爬出，完成這些繁複的著裝程序，已經冷得顫抖，這是訓練前的難受。訓練完之後，再把身上裝備逐一卸下，手套、頭盔、頭巾、護心、腰垂、衣服統統脱掉，衣服和手套、頭巾晾在院子裡，讓風吹乾或曬乾，等到第二天早上，這些衣服吸滿夜晚的寒氣和露水，再把冷颼颼的東西穿回身上，委實痛苦。這種訓練卸完裝後，因為室溫和體溫的差別，往往會看見自己身上冒著煙。有些師兄弟投機取巧，乾脆穿著劍道服睡覺，第二天起來著裝時比較舒服，一旦被師父發現，不是臭罵一頓，就是被敲頭警告。

另外，酷暑中練習也是一大考驗。七、八月的嘉南平原，陽光異常猛烈，我們必須下午四點、在大太陽底下練習，穿著護具，全身多處裹得緊緊，頂著炎陽練習兩小時，人就像要燒起來一樣。

乾元仙還獨創一種膽量訓練法，深夜兩點，大家睡得正熟的時候，要求同學帶著木劍和一個哨子，每隔十分鐘，派一個人從道場出發，走到甘蔗崙墳場，到指定地點簽個名，那裡事先已放置簽名簿，簽完再走回來。

把膽量練大、把體能練好，乾元仙開始為同學們講解招式，把它的作用、應對的方法，詳細講給大家聽。我和江師兄就在這種獨特又用心的訓練下，慢慢累積實力。我十六歲入師門，十七歲取得初段資格，大二那年升上二段，大三那年代表乾元道場參加全省劍道比賽，我們獲得團體組全省冠軍，這件得意的歷史，

劍道劍形練習，瞬間機會的掌握，作者（左）與余幸司（後任高雄醫學大學校長）。

前文提過。後來輾轉得知，那次比賽，和我打成平手的桃園隊吳光烈先生，當時五段的他是全台實力最強的選手，他的堂伯吳金璞老師（九段範士），曾在自傳中感嘆：吳光烈是劍道界的天才，可惜走得早。我很僥倖能與這位天才型選手打成平手，得知他英年早逝，覺得惋惜，也更懷念乾元仙當年的教導。

大五那年升上劍道三段，醫科畢業後，升上四段、五段，在嚴格的訓練下，我慢慢變成一個更堅強的人，自己卻不知道。第一次發現劍道的威力，是有一次和一位同學起爭執，那位同學自恃人高馬大，即使理屈，對人也疾言厲色，總擺出「不然你想怎樣」的態度，由於體型懸殊，我往往忍氣吞聲，可是習劍兩年後，有一次我竟然敢厲聲制止，對方也為我的氣勢所懾，那一剎那，我知道自己變強了，不再懼怕他了，敢據理力爭，第一次嘗到身為強者的滋味。

後來，讀到老子的「道德經」，知道這就是所謂「自勝者強，勝人者有力」。這位同學身體比我壯、力氣比我大，他是有力者，我是無力者，只好讓他。可是真正的強者，是能超越自己，原來有三十公斤力，經過訓練，可以有五十公斤力，這就是自勝者強。明瞭這個道理後，我整個人更有自信，而且也隨時提醒自己，待人要和氣，因為萬一失控，那種練劍者的凌厲眼神，可能會傷及對方，自己卻不知道，這也是劍道的一種涵養吧。

劍道對我的幫助不止於此。因為長期練劍，體魄強健，瞬間反應靈敏，所以無論到京都府立醫大學習EST切開術，到秋田向工藤教授學習「無痛大腸鏡」操作，或者學習ESD（內視鏡黏膜下層剝離術），都能順利完成。在X光室，可以穿著沉重的鉛衣，進行長時間操作，有時一個下午能完成八個case，這個紀錄，大概很少醫師可以做到。至於我欽佩的江師兄，在我就讀北醫期間，他初到台北謀生，也發生過一件趣事。

江大嫂是出色的裁縫，經營一家服飾公司，生產高級服裝，供應百貨公司專櫃，江師兄偶爾幫忙送貨。有一天送貨到遠東百貨，上樓交完貨，發現摩托車不見了。當時流行擄車勒索，江師兄研判大概自己倒楣遇上賊人，於是登報尋車，對方果然看到報紙，打電話要他帶兩千元贖車。師兄藝高膽大，攜一把長柄雨傘赴約，對方是兩名高大男子，他不為所怯，先要求確認車子，確認無誤後，要求贖金降到一千元，對方不肯，江師兄一氣之下拿起雨傘，擺出擊劍姿勢，大喝：「我是劍道三段，你們有膽就過來！」結果對方被他氣勢嚇到，落荒而逃，錢也不敢要。江師兄憑一把雨傘逼退歹人的故事，在師兄弟間傳為美談。後來他回鄉受聘劍道協會總教練，長孫力嘉，每年暑假，我都要他回嘉義找江伯公學劍。

說了半天，劍道到底是什麼？為何有此威力？簡單說，劍道是一種運動、一種武術、一種修練。說它是運動，因為它具備運動需要的幾個要素：力度、角度、速度，加上一個忍耐度。除了力道夠、角度正確、速度夠快，還要有超強的耐心，因為它的精髓是在尋找瞬間空隙的機會，這也是武術的要領，所以就技術而言，劍道講究一眼二足三膽四力，眼神要非常銳利，經過這種鍛練，久之一瞪眼就有威懾別人的力量，兩名劍客相遇，誰先眼怯，上陣就一定輸。

說它是一種修行，所以稱為「道」。日本有句俗語：「劍是殺人刀，也是活人劍。」可以用來殺人，也可以用來救人，因此一九七六年日本劍道聯盟特別強調：劍道就是憑著練劍的理法，包括有形、無形的正確法則，來形成人格之道。日本的劍道名家井上義彥，也引易經的話：形而上者為道，形而下者為器，以此闡釋劍道。亦即看不見的、無法具體指述的精神修行是「道」；看得見的，具體的東西是「器」。用更淺顯的話說：劍術，擊劍的技術，是「器」，它是有形的；精神上的修行是「道」，這種修行是什麼？就是勇敢、敏銳、謙虛、克制、內斂、正直等美好的德行。練習者藉由「器」（技術面）的練習，體悟上述所有美好的德行，讓這些德行內化為人格的一部分，這種修行過程就是「道」。所以，劍道教練在教導擊劍技術的同時，會不斷強調這些品格。明瞭這些道理之後，就不會太拘泥於技術面的表現，體能好、反應快的習劍者，可能很快就能取得黑帶資格，一段、二段、三段的升上去，但即使反應差，達不到黑帶資格，經由不斷練習，一定也會變得更敏銳、果斷、克制，精神修養會持續進步，這樣你也是強者，因為「自勝者強」。練劍數十年、桃李滿門、當過總教練的江師兄也主張「心劍合一」，強調劍道是四分技術、六分修養，是一輩子的修行。因此到了今天，我還是經常以「道」自勉，不敢懈怠。

2

畫作入選巴黎秋季沙龍

一九四八年出生的我，十六歲學劍，十九歲習醫，三十六歲診所開業，六十四歲學畫。如果幼稚園的蠟筆塗鴉也算，可以說五歲起就畫畫，但真正拜師學習，從素描學起，的確是六十四歲。

二○一一年一月，在彰化開業的北醫同學、泌尿科的林介山院長在彰化舉辦同學會，包了遊覽車請同學參觀他在彰化市文化中心的個人畫展：「當醫學碰上美學」。林介山的指導老師、許輝煌先生在一旁解說：「這就是抽象畫，抽象畫不是隨便畫、故意畫，更不是亂畫。」看完畫展，突然有一種奇妙的感覺，覺得如果像許老師講的那樣，也許我可以做到，要我畫細膩的、工整的、寫實的靜物，可能不行，如果是這種抽象畫，或許可以。

我偷偷請教許教授，台北有人傳授這種課程嗎？教授面露難色，支支吾吾，我只好大膽請示：教授可願意教我，收我為徒？

原來教授的難處是：他住在鹿港，怎可能跑到台北教我？若要我從台北山長水遠去鹿港習畫，又太不方便了。他不知道這些難處，對我都不算困難。我說：日本北海道、本州、九州、四國，再遠的地方都去了，鹿港是小意思！

照約定時間登門拜師，老師拿了些作品向我解說美術史及一些概念，又面試我兩個多小時，他既好奇又不放心，因為他教過無數學生，當年已經七十五歲，

作者與水墨畫老師許輝煌先生（中）及師母（左）合影。

作者畫室實景。

教美術近一甲子，很多學生半途而廢。現在突然從台北來了一個醫師，萬一還是學一半就放棄，不是浪費彼此的時間嗎？

老師聽了我的解釋，還是有點擔心，偷偷向林介山同學打聽：「劉輝雄說要從台北來鹿港跟我學畫，咁有可能？」林醫師拍拍胸脯：「我同學劉輝雄別的沒有，毅力第一名。」老師這才放心，答應收我為關門弟子。這樣就開始了習畫生涯：每次從台北搭高鐵到台中，再搭五十分鐘計程車，才到達老師在鹿港的畫室，還得背上畫具、作品，帶去帶回，因為需要當場跟老師討論，確實是大工程、耗時費力。

開始跟老師習畫時，老師告訴我，學畫一定要爭取入選巴黎秋季沙龍（注），才算是畫家，別人才肯定你，畫家不是自己說了算，許多著名的畫家像我們熟悉的高更，都參加過這個展覽。

我從素描開始學，首先練基本功，拿鉛筆、原子筆畫，再用筷子沾墨，接著用毛筆作水墨抽象畫。每月赴鹿港兩次，診所第二、第四個週六、日休診，為了多學習，週六就在鹿港過夜。慢慢地，老師發覺我的韌性和潛能，特別是許師母，經常從旁稱讚鼓勵我。後來才知許老師師承李仲生教授，師公早年留學日本，受過日本名畫家藤田嗣治的指導，我有幸師承名家大師，淬練藝術感與創造力。許老師也一直耳提面命不要忘記師公的交代：抽象畫最重要的基本功是素描，有時間就要多練習！

習畫的日子，我非常用功，因為經常出國開會，出國必定攜帶畫具同行，為了方便洗毛筆墨水，乾脆用布袋裝了一個臉盆出國，住飯店時要用洗手台的水龍頭洗筆，不可能一再進出洗手間，有臉盆才方便，於是每次都麼做。有時過海關，機檢人員問我為何帶臉盆，我笑稱用來洗屁股，對方總露出似笑非笑的表情，我也只能一本正經的回望。

每次出國都是參加醫學會，沒事就待在飯店練習畫畫，並積極參訪當地的現代美術館，加拿大多倫多、日本東京、美國波士頓、哈佛大學、華盛頓、紐約，以及法國巴塞隆納美術館、橘園美術館、莫內美術館等，我都去過，想多看多學一些大師作品，刺激自己的創作靈感。

二〇一四年，習畫第三年，我因胃黏膜下腫瘤住院開刀，病榻中接到許輝煌老師來電，告知巴黎秋季沙龍開始收件，鼓勵我參加。原本考慮身體狀況想婉拒，又覺得如錯失這機會，還得再等一年，於是下定決心試試。沒想到以一幅水墨抽象畫「自在舒暢」（Bien à être confortablement），入選巴黎秋季沙龍。

三年來一直很用心、下了很多苦功，可以說夙夜匪懈，一畫再畫，不斷告訴自己：下一張一定要比這張好，這樣累積的結果，覺得有些作品，還算滿意。本想在台北開個人畫展，沒想到碰巧認識時任「台北當代藝術館」副館長的林羽婕小姐。

她告訴我既然要去巴黎領獎，不妨到駐法國台北代表處台灣文化中心展出作品，該中心就在台灣駐法代表處，正巧小學同窗呂慶龍時任駐法大使，和他聯繫後，呂大使一口答應，不僅在館內的台灣文化中心為我舉辦畫展，還專為旅法僑胞辦了健康演講會，隨後，也在佛光山位於巴黎的法華禪寺舉辦畫展和健康專題演講。

作者畫作在巴黎的香榭麗舍大道（Avenue des Champs-Elysees）與大皇宮間的秋季沙龍特展場展出，左為駐法大使呂慶龍。

學畫三年就入選秋季沙龍，自己暗忖：難道是一種僥倖？我陷入自我懷疑的煩惱裡，但第二年二〇一五年，再度入選巴黎秋季沙龍。連續兩年入選，這樣的成績到底是僥倖？還是真正的實力？我不斷思考這個問題。

從小在嘉南平原長大的我，夕陽西沉時，總喜歡在一望無際的田邊漫步，在日夜交替之際，望著絢爛的晚霞映著綠油油的稻浪，即將逝去的天光，從燦爛到暗沈，光影層層的變化，呈現大自然彩繪的美景，我喜歡這種感覺，也欣賞晴雨寒暑的變幻。在物質匱乏時期，一般人慣用玻璃杯喝咖啡，我總覺得有點彆扭，每到高雄二哥家作客，都要求用漂亮的瓷杯啜飲，二嫂笑我年紀輕輕就講究「氣氛」，我不知說什麼好，訕訕的微笑以對，回想起來，似乎從小就對美着迷，對美特別執着與偏愛。

一九七八年初訪京都，四十年間不知往返多少次，深受它的「綺麗」（日語有美麗、乾淨兩種意義）、「禪靜」、「孤高」所吸引，我喜歡造訪古寺、神社、庭園，欣賞它們帶著禪意的美，京都共有十七處世遺，我走訪過其中十二處。

我一生直到六十四歲前，不曾認真提過畫筆，唯有高二時的美術老師陳哲先生（師大美術系畢業，現為台灣大師級畫家）曾讚我：「色感十分敏銳。」婚後偶跟內人提起人生的願望之一是老了要作畫，她認為粗線條的我只是隨口說說，不可能實現，總是一笑置之，沒想到真的實現了，現在細思起來，似乎一切都有因緣。

二〇一四、一五連續兩年，作品入選巴黎秋季沙龍展，如果不是僥倖，又是什麼？好奇的我想追求答案，遍尋東京各大書店有關美術的書籍，讀到一本平山郁大的著作「ぶれない」（不可動搖）。平山郁夫（一九三〇——二〇〇九年）是畫家、美術教育家，曾任兩屆東京藝術大學總長、日本美術院理事長，一九九八年獲頒文化勳章（日本政府授予在科技、藝文有顯著功績者的勳章），被尊為近代日本畫壇的「天皇」。

他說：「光憑技術無法創作。」技術再好，「教養」（涵養、氣質、文化）不夠，

2015年，作者水墨畫作「生」再度入選巴黎秋季沙龍。

還是沒有辦法創造好作品。「人生的努力不會白費，凡走過必留下痕跡。」在人生路上，無論什麼場合，遇到什麼人，碰上何種困難，都會成為自己的一部分。要接觸一流的，趁年輕儘早接觸一流的人、事、物，若是只接觸到二、三流，人的記憶就很難擺脫它，人生的發展恐將以二、三流告終。

從創作的體驗，回想成長的軌跡，盤點人生的歷程，是否接觸過許多的

「第一流」？我出身於一流的家庭嗎？這我無法評論，但我感激祖輩先人，一方面他們思想開明，一方面經濟能力尚可，讓父母親都能接受良好教育，在民眾普遍失學的年代，父母可以說都是地方菁英，父親畢業於台南師範，母親是彰化女中第一屆畢業生，在日治時期都當過老師，父親後來還擔任嘉義縣議會議長。

我的啟蒙恩師，劍道老師劉乾元是留日的醫學博士；改變我一生的老師，台大醫學院王德宏教授是台灣內視鏡之父；赴日學習的老師如川井啟市教授、日野原重明理事長、工藤進英教授等，都是日本一流的大師。

何其有幸，能向這麼多一流的專家、學者學習。所有這些人生歷練，都成為我繪畫創作時的養分與靈感。創作，是生命歷程的體現。感動，是創作生命的動能。我將人生的熱忱與體悟傾注於畫筆，一筆一畫都有人生的痕跡，都是內心深處的悸動，我覺得它有三個層次：

1.它是動態的，是生命力的展現。

2.它是有力的，是瞬間感動的記錄，劍道鍛練讓我筆觸穩定，能捕捉生命悸動的變化。

3.它是自在的，像禪定一樣沉靜，是動靜之間的平衡，讓我感受到和平的愉悅。

人生不是登山。登山，是爬到山頂，就要下山。人生，是不斷走路。走到這裡，看到對面，走到對面，又有對面，是充滿驚喜的過程。我的性格有「叛逆、顛覆」的成分，但這種叛逆是正向的，因為不喜歡框框、不喜歡受限，喜歡打破框架、教條，因此不斷突破自我，喜歡去做沒人做過、別人不會做、做不到的事。如同決定創立「輝雄診所」迄今，完全採自費醫療服務，就是為了突破健保限制，不受拘束、海闊天空，走出屬於自己的路。

這種個性呈現在我的畫作中，每幅作品都是獨一無二。我從不重複自己，也不抄襲他人，不被現實束縛、不拘泥於傳統，讓觀者能不受限的欣賞、思考、闡釋，無拘無束，自由想像。

我的夢想，是成為台灣的日野原重明、工藤進英，以及台灣的畢卡索，也許你會笑我不自量力，但我覺得勇於設定目標，是一件好事，因為能力是未來進行式，只要樂觀進取、自強不息，未來有無限的可能。當我們朝著目標全力以赴，也許夢想高遠難及，但走到半途回眸時，會發現不知不覺已來到從未企及的高度，這難道不是一種驚喜？

由此，我悟出「海闊天空 人生不設限」的道理。唯有不自我設限，敢於突破框架，生命才有蓬勃的動力，從而發展出無限可能。

六十四歲起學畫，現在有些許成績，讓我相信每個人都有自己的潛能，請勿低估自己，持續為社會、為下一代努力，只要身體許可，不要輕言退休，我也期勉自己永不言退，繼續奮鬥，直到生命最後一刻，勿讓生命留白，勿留人生遺憾！

注：巴黎秋季沙龍（Salon d'Automne 或 Société du Salon d'automne）或稱法國秋季沙龍展，是一九〇三年以來每年在巴黎舉行的藝術展，也是二十世紀以來最有影響力的繪畫、雕塑、建築和裝飾藝術展覽。許多知名藝術家：保羅．塞尚、亨利．馬蒂斯、保羅．高更等人，都曾在此展出作品。

醫道人生大事紀

西元	民國	年齡	大事紀
1948	37	1	・生於嘉義縣大林鎮吉林里中山路四十號。 ・父親時任第一屆大林鎮鎮長。
1954	43	7	・大林國小入學。
1958	47	11	・父親當選第四屆嘉義縣議會議長。
1960	49	13	・考取省立嘉義中學初中部。
1963	52	16	・考取省立嘉義中學高中部。 ・乾元劍道場拜師習劍。
1968	57	21	・全省劍道錦標賽（屏東），嘉義縣乾元隊獲冠軍。
1973	62	26	・北醫醫學系畢業。 ・最前線二膽・陸軍野戰師醫官一年。
1974	63	27	・進入台北馬偕紀念醫院內科。
1975	64	28	・與許美華結婚（衡陽路大三元酒樓）。
1977	66	30	・台大醫院胃鏡、大腸鏡受訓（王德宏、王正一教授）。
1978	67	31	・日本醫師會武見太郎會長獎學金，赴東京、京都研修內視鏡學。
1979	68	32	・當選第四屆台北市嘉義同鄉會理事。
1981	70	34	・「內視鏡免開刀摘除總膽管結石」發表記者會。

西元	民國	年齡	大事紀
1983	72	36	‧台北市吉林路開設劉輝雄內科胃腸科診所。
1986	75	39	‧進入京都府立醫科大學公眾衛生教室當研究生（指導教授：川井啟市）。
1987	76	40	‧主導台北市醫師公會理監事改選，力挺吳坤光同學當上台北市醫師公會理事長，本人當選常務理事。
1988	77	41	‧當選第七屆台灣消化系醫學會理事迄今（2022）。
1992	81	45	‧當選第一屆台灣消化系內視鏡醫學會理事。
1993	82	46	‧主導第三屆台灣內科醫學會理監事選舉：台大醫院李源德教授當選理事長，本人當選理事。 ‧當選台北市基層醫療協會理事長，帶領開業醫師爭取落實轉診制度，惜壯志未酬。
1994	83	47	‧以「Characteristics of Peptic Ulcer Diseases in Taiwan」為題，取得京府醫大醫學博士學位。 ‧前往日本赤十字社熊本健康管理センター研習完整日式人間ドック健診（小山和作所長）。

西元	民國	年齡	大事紀
1995	84	48	・創辦「劉輝雄健康管理中心」引進日式人間ドック健診。 ・當選第九屆台北市嘉義同鄉會理事長（任期三年）。
1996	85	49	・獲聘為台北醫學大學公共衛生研究所副教授（兼任），開設預防醫學課程。
1997	86	50	・前往日本秋田赤十字病院進修（工藤進英部長）無痛大腸鏡，大腸黏膜腺口型態染色放大觀察，早期診斷大腸癌及內視鏡切除。 ・初訪日野原重明名譽理事長於LP Center、聖路加國際病院。
1998	87	51	・連任第十屆台北市嘉義同鄉會理事長（任期三年）。
2000	89	53	・前往東京都立駒込病院進修「早期食道癌內視鏡診斷與切除」（門馬久美子部長）。 ・於東京半藏門Clinic接受世界大腸鏡「第一人者」新谷弘實教授指導「單人大腸內視鏡操作法」。
2002	91	55	・「劉輝雄診所」更名為「輝雄診所・輝雄健診」。
2003	92	56	・前往日本長野佐久總合病院進修ESD（內視鏡黏膜下剝離切除手術）－小山恒男部長指導。 ・完成台灣首例早期食道癌EMR（內視鏡黏膜切除術）成功病例。

西元	民國	年齡	大事紀
2004	93	57	・第4回日本抗加齡醫學會總會（東京），開始研修「日式」抗老醫學。 ・點滴螯合療法的研習（滿尾正所長）。
2005	94	58	・完成台灣首例胃早期癌ESD（內視鏡黏膜下剝離切除手術），在台南成功大學台灣消化系醫學會年會發表。 ・出席第十三屆國際抗老醫學會大會，美國拉斯維加斯（XIII International Congress on Anti- aging Medicine, Las Vegas, USA）。 ・日本抗老醫學深度臨床研修（2005～） 吉川敏一 （京府醫大消化器內科學） 坪田一男 （慶應大學眼科學教室） 米井嘉一 (同志社大學院生命科學研究科) 崛江重郎 (順天堂大學泌尿器科) 柳澤厚生會長 (點滴療法研究會) 金子雅俊社長 (分子營養學研究所) 北原健社長 (株式會社デトックス)

西元	民國	年齡	大事紀
2006	95	59	・輝雄診所全面使用窄波攝影（Narrow Band Imaging, NBI），併用放大內視鏡於上、下消化道。 ・赴美抗老醫學進修與親自體驗點滴療法 Frontier Medical Institute in Denver Colorado, USA（Dr. Terry Grossman）。 ・赴東京參加Chelation（點滴螯合）療法研究會。
2007	96	60	・第一屆輝雄醫學論壇「基礎檢查到最新境界」，邀請工藤進英、小山恒男、榊信廣等大師蒞台演講。 ・受邀於APDW 2007（亞太消化醫學週）專題發表「放大內視鏡」（神戶）。 ・輝雄診所新館落成。 ・吉川敏一教授介紹引進日式抗老技術與Know How，並親自來台指導。 ・「馬蕭配」嘉義鄉親支持蕭萬長競選副總統，成立諸羅會（蕭萬長之友會），被推舉為會長（迄今）。
2008	97	61	・以台北市嘉義同鄉會名譽理事長，帶領同鄉力挺蕭萬長先生進入總統府。 ・第二屆輝雄醫學論壇，邀請日野原重明名譽理事長蒞台演講「輝いて生きる（活出光輝的人生）」。 ・個人化癌症治療檢測研究會・東京 循環腫瘤細胞（CTC）循環腫瘤幹細胞（CSC）R.G.C.C. Group（Research Genetic Cancer Centre）Dr. Ioannis Papasotiriou。

西元	民國	年齡	大事紀
2009	98	62	・日本人間ドック學會創立50周年紀念祝賀會，謁見日本明仁天皇、皇后。
2010	99	63	・台灣消化系內視鏡醫學會年會會長演講：「內視鏡終身學習的分享」。 ・Riordan高濃度維生素C點滴療法與癌症研討會Riordan IVC & Cancer Symposium Wichita, Kansas, USA。
2011	100	64	・以第三屆國際人間ドック健診學會會長身分，在台北舉辦全世界健診學術大會（The 3rd World Congress on Ningen Dock, Taipei, Taiwan）。 ・主辦2011國際抗衰老研討會International Symposium on Anti-aging Medicine 2011, Taipei。 ・食物與最佳健康研討會Diet and Optimum Health Symposium, Linus Pauling Science Center, Oregon State University, Corvallis, USA。 ・參加在加拿大多倫多舉辦的分子整合營養醫學年會40th Annual International Conference Orthomolecular Medicine Today, Toronto, Canada。 ・拜畫家許輝煌老師為師，開始到鹿港學習水墨畫。

西元	民國	年齡	大事紀
2012	101	65	・天然生物賀爾蒙補充療法研討會，美國芝加哥「Bio-Identical Hormone Replacement （BHR） Symposium, Chicago IL」。 ・日本抗加齡醫學會臨床醫師研究會 がん劇的寛解例に学べ（戲劇性寬解癌病例的學習）和田洋巳 日本がんと炎症・代謝研究会。 ・參加在加拿大溫哥華舉辦的分子整合營養醫學年會，41st Annual International Conference Orthomolecular Medicine Today, Vancouver, Canada。
2014	103	67	・水墨畫作入選巴黎秋季沙龍，作品名稱：「自在舒暢」（Bien à être confortablement）。 ・水墨畫作在駐法國台北代表處台灣文化中心·法華禪寺巡迴展出。 ・以「健康長壽 享受人生」為題，為巴黎旅法僑胞舉辦健康講座。
2015	104	68	・台灣消化系醫學會年會會長演講：「生活習慣病的預防，如何降低大腸直腸癌的威脅」。 ・畫作再度入選巴黎秋季沙龍，作品名稱：「生」（La Naissance）。
2016	105	69	・Riordan高濃度維生素C點滴療法與慢性疾病研討會Riordan IVC & Chronic Illness Symposium, Wichita, Kansas, USA。
2017	106	70	・赴東京參加「Ketogenic Diet Advisor養成講座」（白澤卓二教授）

西元	民國	年齡	大事紀
2018	107	71	・白澤卓二教授力邀參加其「認知衰退及抗老醫學」，共同研究失智症。
2022	111	75	・當選中華民國嘉義同鄉會聯合總會第六屆總會長。
2023	112	76	・中華民國嘉義同鄉會聯合總會第六屆總會長交接典禮（台北・福華飯店)。 ・「一流之路 劉輝雄的醫道人生」新書發表。

本表年齡依台灣人習慣以虛歲計，出生即算一歲。

國家圖書館出版品預行編目(CIP)資料

一流之路：劉輝雄的醫道人生 / 劉輝雄著. -- 臺北市：
財團法人臺灣健康促進基金會, 2023.02
面；　公分
ISBN 978-986-91934-1-2(平裝)

1.CST: 劉輝雄 2.CST: 醫師 3.CST: 傳記
783.3886　　　　112001624

一流之路　劉輝雄的醫道人生

作　　者：劉輝雄
監　　修：賴瑞卿、林妙鈴
行政統籌：岳美君
封面設計／繪圖：利曉文
圖片提供：劉輝雄、李文堂、黃敬安、劉芳琪、劉謨榮、蘇秀枝
出　　版：財團法人台灣健康促進基金會
地　　址：台北市中山區吉林路302號
電　　話：02-2522-1855
網　　址：www.thpfoundation.org

製　　作：商周編輯顧問股份有限公司
地　　址：台北市中山區民生東路二段141號6樓
電　　話：02-2505-6789
網　　址：www.businessweekly.com.tw/bwc
製　　版：藝樺設計有限公司
印刷裝訂：富思整合創新有限公司
總 經 銷：聯合發行股份有限公司

定　　價：500元
ISBN：978-986-91934-1-2
出版日期：2023年2月